医療スタッフのための

美しいしぐさと言葉

石井孝司 庭のホテル 東京
執行役員／社長室室長

北原文子 エイチ・エムズコレクション
副社長／歯科＆美容プロデューサー

伊藤美絵 庭のホテル 東京
ゲストリレーションズ＆トレーニング支配人

ホテルに学ぶ・おもてなしの心としぐさ

医療現場にふさわしい・気配りの言葉

〔座談会〕スタッフから輝く医院づくり

日本歯科新聞社

は じ め に

　美しいしぐさや言葉遣いは、相手への思いやり、心遣い、おもてなしの表現です。それらを磨くことで、患者さんとのコミュニケーションだけでなく、スタッフ同士の人間関係もスムーズになります。

　本書は形だけでなく、「なぜ髪をまとめたほうがいいのか？」「なぜ笑顔が重要か？」「なぜ相手に手のひらを向けたほうがいいのか？」など、考え方から学べる内容のため、さまざまな場面で応用することができます。よくある失敗例を交えながら、写真やイラストも盛り込み、楽しく学べる構成を心がけました。

　第1章は、『ミシュランガイド東京』のホテル部門で、快適なホテルと評価されている「庭のホテル 東京」の石井孝司氏と伊藤美絵氏が、「ホテルに学ぶ・おもてなしの心としぐさ」について写真を中心に紹介。

　相手に思いが伝わる具体的な動作や言葉遣いから、名刺交換や席次・訪問のルールなど、社会人としての基本的なマナーまで身につけることができます。

　第2章は、患者満足度の高いスタッフ育成で定評があるエイチ・エムズコレクションの北原綾子氏が、「医療現場にふさわしい気配りの言葉」として、会話形式で、○（NG例）と×（推奨例）、ポイントを紹介。

　エレガントな接遇より、説明責任、親しみやすさといったコミュニケーション能力が優先される歯科医療の現場に即した内容となっています。

　第3章では、執筆者の3氏に、スタッフが成長し、医院が輝くための

ヒントについてお話しいただきました。

　医院のイメージアップや、患者さん・スタッフ間のスムーズなコミュニケーション、現場スタッフのモチベーションアップに本書をお役立ていただければ幸いです。

（日本歯科新聞社　編集部）

医療スタッフのための 美しいしぐさと言葉

CONTENTS

第1章

ホテルに学ぶ
おもてなしの心としぐさ

石井孝司 庭のホテル 東京　執行役員／社長室室長
伊藤美絵 庭のホテル 東京　ゲストリレーションズ＆トレーニング支配人

1　身だしなみのポイント　　8

2　相手に伝わるお辞儀　　12

3　「笑顔」の重要性　　14

4　場所の指し示し方　　18

5　物の渡し方　　20

6　物の指し示し方　　22

7　聞き上手になるために…　　24

8　スムーズな会話のコツ　　34

9　電話美人になるために　　38

10　名刺交換のマナー　　50

11　席次のルール　　58

12　訪問のマナー　　68

第2章

医療現場にふさわしい
気配りの言葉

北原文子 エイチ・エムズコレクション　副社長／歯科＆美容プロデューサー

0　準備テスト「こんな言葉遣いしていませんか？」　**74**

1　受付（患者さん対応）　**76**

2　受付（来客対応）　**80**

3　電話応対　**84**

4　診療室で…　**90**

5　クレーム対応　**94**

6　院長・先輩との接し方　**100**

7　同僚・後輩との接し方　**106**

第3章

座談会 石井孝司氏／北原文子氏／伊藤美絵氏
スタッフから輝く医院づくり

日本歯科新聞社 編集部　**111**

6

第 1 章

ホテルに学ぶ
おもてなしの心としぐさ

石井孝司
庭のホテル 東京
執行役員／社長室室長

伊藤美絵
庭のホテル 東京
ゲストリレーションズ＆トレーニング 支配人

　医療従事者を含め、広くホスピタリティ産業に携わる私たちは、思いやり、心遣い、おもてなしの気持ち（ホスピタリティマインド）をお客様にしっかりと伝えることが大切になります。「以心伝心」という言葉がありますが、いくら私たちの心の中に思いやりやいたわりの気持ち、相手に寄り添い共感する心があっても、それだけでは相手にはなかなか伝わりません。

　この章では、ホテルでの教育内容を基に、ホスピタリティマインドが相手にきちんと伝わる具体的な動作や言葉の表現などについて考えてみます。

ホテルに学ぶ
おもてなしの
心としぐさ

① 身だしなみのポイント

レストランスタッフの
身だしなみを参考に…

○ 髪はまとめる

○ イヤリングは
着けない

○ 爪は短く

○ 靴のヒールは
低く

大切なのは、「なぜ？」

　それぞれの業界、企業ごとに特有の身だしなみ文化や伝統があります。なぜ自分のクリニック（組織）にはこの服装規定があるのかをしっかりと説明できれば、さまざまな状況で応用ができるようになります。

　以下は、ホテルでのレストランスタッフを例にした規定の理由ですが、医院にも当てはまる内容と言えそうです。来院者の安全と命を預かる医療関係者が心すべき最も大切なことが、おのずとわかるはずです。

■ なぜ髪をまとめるの？

　髪には食中毒の原因となる黄色ブドウ球菌が付着しているため。長い髪は結ばないと、手でかき上げたり触ったりしてしまうし、髪から料理にホコリや菌が落ちることもある。

■ なぜイヤリングは着けないの？

　気付かないうちに耳から外れて、料理の中に入ってしまう危険性があるため。お客様の命にもかかわる、とても危険なこと。

■ なぜ爪は短くするの？

　指と爪の間には、食中毒の原因となる菌が付着しやすいため。いくら手を洗っても菌は完全には取れないので、長い爪は不潔なのである。

■ なぜヒールの低い靴なの？

　熱い料理を運ぶ時などに、転ぶと危険であるため。また、ヒールが高いと足が疲れやすい。

第1章　ホテルに学ぶ・おもてなしの心としぐさ　　9

第一印象は何で決まる？

　ホスピタリティ産業で働く私たちにとって、身だしなみを整えることは非常に重要です。

　スーパーやコンビニのレジ、あるいはホテルのカウンターに並ぶ時に、意識的、無意識的に「この人の所」と選んで並ぶことがありますが、その際、何を基準にしているのでしょう。

　有名な「メラビアンの法則」によると、人の第一印象を決定する情報は、外見（身だしなみ、表情、立ち居振る舞いなど）が55％、話し方（声の質、速さ、大きさ、口調など）が38％、話の内容（言葉の意味、論理性など）が7％だということです。

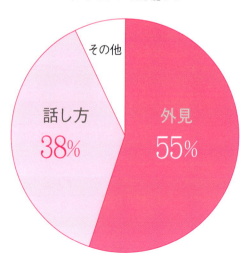

人の第一印象を決定する情報
―「メラビアンの法則」より―

また、組織に属する場合は、制服など基本的な身だしなみは決められていますが、それをどのように整えるかはその人次第。その意味では、身だしなみとはその人の内面が映し出されたものと言っても過言ではありません。プロとして自分自身の仕事にプライドを持っていれば、自然と身だしなみに心構えが表れるのではないでしょうか。

身だしなみとおしゃれの違いは？

　身だしなみに似た言葉に、おしゃれという言葉があります。2つの違いは何でしょうか。おしゃれは自分が楽しむためにするのに対し、身だしなみは周囲の人のために整える、という大きな違いがあります。

　つまり、お客様や来院者が私たちの服装を見てどのように感じるかが重要なのです。さらに、不快感を与えないという最低限のレベルにとどめるのではなく、できれば好感を持っていただけるレベルを目指したいものです。

庭のホテル 東京では、夏には浴衣姿でお出迎えすることも。

第1章　ホテルに学ぶ・おもてなしの心としぐさ　11

ホテルに学ぶ おもてなしの 心としぐさ

❷ 相手に伝わるお辞儀

あいさつとお辞儀の順番は？

◯ あいさつが先で、お辞儀が後

こんにちは！

言葉を先に → お辞儀を後に → 最後に相手の顔を見る

「医療スタッフのための　美しいしぐさと言葉」

あいさつとお辞儀が同時

こんにちは！

大切なことは…

　せっかく気持ちや心を込めてあいさつしても、お辞儀をしながらでは言葉は床に伝わってしまい、肝心の相手にはしっかり届きません。

　「あいさつ」とは、元々禅宗の言葉で、修業や悟りの深さを試す問答を指し、「心を開いて迫る」という意味を持っています。相手の心を開いて、その中に入り込むためには、相手にきちんと伝わることが重要なのです。

　これを具体的に表現する形として、いろいろなお辞儀の中から、「先言後礼（せんげんごれい）」をご紹介します（下表）。

伝わるお辞儀…「先言後礼」のポイント

① 相手に向き合い、しっかりと正対する
② 相手に向かって言葉を伝える
③ 相手の顔、目を見る

きれいなお辞儀をするには…

・サッと頭を下げ、上げる時はゆっくり
・息を吸いながら下げ、下げたところで息を吐き、再度、息を吸いながら頭を上げる
・首だけ曲げるのではなく、腰から曲げる
・手は左手を前にして組む

第1章　ホテルに学ぶ・おもてなしの心としぐさ

ホテルに学ぶ おもてなしの 心としぐさ

③ 「笑顔」の重要性

ホテルのチェックイン。あなたはどのスタッフの前に並びますか？

 怒った顔

 無表情

 笑顔

笑顔はなぜ大切？

　ホテルのフロントでチェックインする際、左のような表情の3人がいたら、ほとんどの人は、笑顔のスタッフの前に並ぼうとするでしょう。

　そもそも、多くの職種で笑顔を重視するのはなぜなのでしょうか。

　マズローの「欲求5段階説」によると、最も低位の欲求は「生理的欲求」、つまり生存欲求です。言い換えれば、いかにして危険（敵）から身を守り、種を長らえるかということです。自分以外の存在が自分に対して敵愾心を持っているかどうかは、自らの生命にかかわる重要な問題となるのです。

　じっと見つめると、たいていの犬は吠えます。恐らくこちらを敵と見なし、身の危険を感じるからでしょう。人間も動物ですから、深い本能の部分では同じなのではないでしょうか。

　もし、ホテルや医院のスタッフの表情に笑顔がなければ、お客様や来院者の動物としての本能が警戒信号を発するでしょう。相手の警戒心をなくすには、「私はあなたに対して敵意を持っていません。好意を持っていますよ」という意思表示をする必要があります。それが「笑顔」なのです。

マズローの「人間の基本的欲求」

自己実現の欲求
Self-actualization

承認（尊重）の欲求
Esteem

社会的欲求／所属と愛の欲求
Social needs / Love and belonging

安全の欲求
Safety needs

生理的欲求
Physiological needs

第1章　ホテルに学ぶ・おもてなしの心としぐさ　15

笑顔は作れるの？

　さまざまなコミュニケーションの研修などで「笑顔」の必要性が説かれますが、笑顔は作れるものなのでしょうか。結論から言うと、作れます。顔も筋肉で出来ていますから、表情筋を鍛えれば、笑顔を「作る」ことは可能です。

　しかし、無理に作った笑顔は、表面的な笑顔だと見抜かれます。昔から、愛想笑いや作り笑顔などは、決して好まれませんよね。

　では、どうすれば相手に好印象を与える笑顔が作れるのでしょうか。それは、どのようなときに自然と笑顔が出るのかを考えれば良いのです。

　私たちが自然に笑顔になれるのは、「リラックスしている時」「楽しい時」「家族や友達と楽しい会話をしている時」などです。つまり、そのような環境を、医院が一体となって整備するのが望ましいということがわかります。

　具体的なポイントについては、以下を参考にしてみてください。

自然に笑顔になれる医院作りのポイント

- あいさつが自然に出るような良好な人間関係を築くこと
- 「やらされている」という気持ちではなく、自発的・主体的に仕事をし、心から仕事を楽しむこと
- 仕事の意義や目的を明確に理解し、納得して仕事をすること
- 来院者との何気ない会話を楽しむこと
- 相手の感情に共感すること
- 医院を心から愛すること
- 人に親切にすること
- 「ありがとう」と心から言える感謝の気持ちを持つこと

「ホスピタリティの輪」をつなげよう

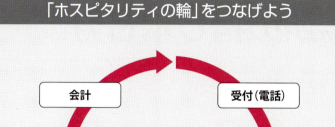

　「ホスピタリティの輪」とは、お客様が受けるサービスの流れに沿った、その組織の仕事の関連性です。

　上図のように、医院であれば、受付をした後に順番を待ち、治療を受け、会計をして帰る、という流れになります。

　それぞれの部門、担当者が互いに連携しながらホスピタリティ溢れる素晴らしいサービスをするためには、来院者情報をしっかり把握すると同時に、すべての部門が質の高い対応をしなくてはなりません。

　サービスの公式は「100－1＝0」と言われます。これは、たった一人、わずか一つの部署が好ましくない対応をしても、お客様は不満を抱くということです。これがサービスの難しいところで、一部のレベルだけを上げても、決して組織全体に対するお客様の満足度は向上しないのです。

❹ 場所の指し示し方

お客様に場所をご案内する場合には…

「こちらでございます」　「そちらでございます」　「あちらでございます」

場所を指し示す際の順序

① 場所を告げる。「レストランはあちらにございます」

② 指し示す方向を見ながら、相手から遠い方の手で場所を指し示す
（上の写真では、手の角度や視線の違いで距離感を表現している）

③ 相手に顔を向き直って、笑顔で相手の理解を確認する

④ 場合によっては、相手をその場まで案内する。「どうぞご案内いたします」

手が身体の前でクロスしている **相手に背中を向けている**

相手の立場に立てば…

　話す時だけでなく、何かをする時には相手の立場になって考えるようにすると、おのずと行動が違ってくるはずです。

　お客様に場所をご案内する場合などは、所作・動作に特に注意が必要になります。相手が理解しやすく、かつ好感を抱くような所作・動作のポイントを身に着けるために、以下の点に注意してみましょう。

・背筋、首筋をスッと伸ばす（常に姿勢を正す）
・指先、つま先までそろえる（末端まで神経を使う）
・動作にメリハリを付ける（ダラダラとしない）
・笑顔と視線を添える（相手の理解度を確認する）

　子どもや車椅子の方への配慮も大切です。相手を見上げる状態になると、恐怖心を抱きやすいものなので、しゃがんで相手と同じ目線で話しかけるだけでも、緊張感や恐怖心が随分取り払われるのです。

ホテルに学ぶ おもてなしの心としぐさ

❺ 物の渡し方

書類を渡す時には…

○

相手の胸と腰の間に、相手から読めるように向きを変えて渡す。

ペンを渡す時には…

○

そのまま持って書けるように、キャップを取り、右側にやや倒して差し出す。

×

ペンを相手に向けるのはNG（人間は危険に対して非常に敏感なため）。

心を添える物の受け渡し

　来院者に、保険証、診察カード、説明書などを手渡す場合に気を付けたいのは、相手の立場に立つこと、つまり相手が受け取りやすいように渡すことです。

　また、説明する際には、笑顔で話すことが重要です。一方的に話すのではなく、相手の顔を見て反応や理解度を確認しながら、適度な間を取るようにしましょう。

物を渡す時のポイント

手を添える
　片手で渡すと、ぞんざいな印象や、渡す物が重要ではない印象を与えるので、もう片方の手を添えること。

言葉を添える
　「お待たせいたしました」「保険証をお返しします」「どうぞパンフレットでございます」「ご不明な点はございますか」などの言葉を添えると好印象。そこから相手とのコミュニケーションが生まれ、深まる。

笑顔を添える
　無表情だと相手が話しにくくなってしまうので、どんなに忙しくても笑顔で接したいもの。

ホテルに学ぶ おもてなしの心としぐさ

❻ 物の指し示し方

書類を指し示す時には…

○ **手のひらを相手に向ける**

✕ **手の甲を見せる**

✕ **指1本で示す**

心を添える指し示し

　パンフレットや書類を来院者に見せながら説明箇所を指し示す時は、手のひらを見せるようにして話しましょう。その際は、指をしっかりと伸ばして指し示します。

　私たちホスピタリティ産業で働く者は、指先、つま先にまで気を付けたいもの。爪はきれいに切りそろえておきましょう。接客の場では、派手な色のマニキュアやネイルアートはふさわしくありません。

手のひらの方を見せる意味

　古代中国の思想に、物事を「陰」と「陽」に分類する考え方があります。例えば、食べ物にも陰陽があります。

　ナスやトマト、スイカ、香辛料などは陰の食べ物で身体を冷やし、人参、肉類や魚介類などは陽の食べ物で、身体を温めると言われています。

　同様に、手のひらにも陰と陽があります。「うらめしや～」と言って出てくる幽霊は、手の甲を見せています。けんかの仲裁をするときは、手のひらを下にして「まあまあ」と言いながら鎮

めます。逆に、けんかを煽ったり、祭りの景気付けをしたりする場合には、手のひらを上に向けて、「もっとやれ」「わっしょい、わっしょい」とはやし立てますね。

　手の甲は「陰」、手のひらは「陽」です。ですから、お客様など相手に対しては「陽」、つまり手のひらを見せる方が良いのです。

ホテルに学ぶ
おもてなしの
心としぐさ

❼ 聞き上手になるために…

2人で話す場合の座る位置と角度は？

 相手の正面に座る

 相手の斜め前に座る

友好的な「座る」位置と角度

　昔から「話し上手は聞き上手」と言われるように、話すよりも聞くことを意識すると、会話は非常にテンポ良く、楽しくなります。話すのが3、聞くのが7の割合でちょうど良いと言う人もいるほどです。

　皆さんは、来院者と会話をする際に、どのような向きで座るでしょうか。

　相手の正面に座るのは、一般的に「対決の位置」と言われます。緊張関係が生まれやすいので、交渉事をする時や部下を叱る際に適していると言えます。

　一方、相手の斜め前に座り、視線を相手の正面から外すのは「友好の位置」と言われ、リラックスした雰囲気が生まれます。相手の話を傾聴するカウンセリングや、後輩を指導する際などに効果的な座り方です。

3つの「きく」

1.「Hear」
　こちらから能動的に聞こうとするよりは、受動的に、自然と相手の言葉が耳に入ってくるといった感じです。

2.「Ask」
　質問しながら相手の話を促す場合です。

3.「Listen」
　より積極的・能動的に相手の話に耳を傾けて、真剣に理解しようとする感じです。

　来院者に対しては、「Listen」の姿勢で聞きたいものです。

> 仕事が忙しくて…

> ここまで通うだけでも大変ですよね…

第1章　ホテルに学ぶ・おもてなしの心としぐさ　25

聞き上手になるための6つのポイント

相手が気持ち良く話すことができ、会話をスムーズに進めるためのポイントを、具体的に解説します。

Point 1 目で聞く

会話の際、聞き手の視線は非常に重要です。もしも、あなたが話している時に、相手が窓の外を眺めていたり、下を向いていたりしたら、「私の話がつまらないのかな」「私と話したくないのかな」「もしかしたら私のことが嫌いなのかな」などと気になって、とても話すどころではなくなるはず。

「目で聞く」とは、つまりアイコンタクトのこと。話している相手を見つめ、相手の話に意識を集中することで、相手は「こんなに真剣に聞いてくれているんだから、こちらも一所懸命に話さなくては」と思うのです。

医療従事者は、マスクをかけた状態で来院者の話を聞くことが多いので、視線や目の表情は他職種より重要なはずです。

✖ 横を向いている

✖ 下を向いている

Point 2 顔で聞く

　無表情の人、不機嫌そうな人、怒った顔の人が目の前にいたら、恐らく非常に話しづらくなるはずです。その逆に、あなたの話をニコニコと笑顔で聞いてくれる人が目の前に座っていたら、無意識のうちに、その人に向かって話をするようになるのではないでしょうか。

　大勢の聴衆を前にして講演をする場合も、その中で自分の話に共感してくれる人を見付けて、その人に語りかけるように話すと、リズム良く話が進められるとのこと。

　女性が大勢いる講演会が笑い声で盛り上がるのに対して、中高年の男性が多い講演会がなかなか盛り上がらないのも、実は聴衆の「笑顔の量」にポイントがあります。コンサートなどもそうですが、場はそこにいるすべての人が作り上げるもの。聞き手の役割も非常に大きいのです。

　医院でも、傾聴を大切にすべき場面では、マスクを外し、笑顔や安心感を生む表情を心がけましょう。

無表情

怒った表情

なるべくマスクを外す

Point 3 態度で聞く

あなたの前に座っている人が、腕を組んだり、脚を組んだり、あるいは机に頬杖をつきながらあなたの話を聞いているとしたらどうでしょう。話しにくいですよね。

腕を組むのは自分の身を守るポーズと言われています。つまり、相手に心を開いていない状態です。聞き手が警戒心を持ったままでは、相手も話しづらいのは当然のこと。聞き手が話に合わせてうなずいたり、前に乗り出して耳を傾けたりすれば、話しやすくなりますよね。

うなずくことで、相手は「理解してくれている」と安心でき、身を乗り出すことで、「興味を持ってくれている」と嬉しくなるのです。そのためには、診療室の会話でも、来院者にこちらの姿が見える位置に座ることが大切ということがわかります。

例えば、こちらがちょっと首をかしげ、理解していないのがわかると、わかりやすい例を挙げて話そうとしてくれるはずです。聞き手の態度が話の流れを左右することが往々にしてあるのです。

腕や脚を組んでいる

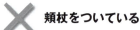
頬杖をついている

Point 4 手で聞く

講演などで聴衆が一生懸命にメモを取っていると、演者はグッと話しやすくなります。メモを取るということは、話している人の一言一句も聞き漏らすまいとする意識の表れだからです。

あるいは、部下や後輩を指導しているシーンを思い浮かべてみてください。一生懸命メモを取っている部下や後輩には、真剣になって教えようとするのではないでしょうか。逆に、メモを取ろうとしないと、「わかっているのかな……」と不安になります。

「痛みが1週間取れなくて……」と来院者が訴えた時、その旨をカルテなどにメモすれば、自分の話を真剣に聞いてくれていると感じることができるはずです。

ちなみに、ドイツの心理学者エビングハウスが提唱した忘却の実験によると、人間は20分で42％を忘れ、1時間で56％を忘れ、1日経ったら実に74％のことを忘れるということです。つまり、「人間は忘れる動物」だ

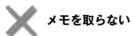
メモを取らない

メモを取っている

ということを前提にして話を聞く必要があるのです。

相手の話をメモしながら聞くことは、会話をスムーズに進行させるだけでなく、記憶に刻み付けるという意味でも重要なことと言えるでしょう。

Point 5 頭で聞く

●「キャッチボール型」会話の勧め

人と会話をする時、相手の理解度や感情を無視して、自分の都合だけで話をするのは「ドッジボール型」の会話です。これでは、相手と良好なコミュニケーションを図り、信頼関係を築くのは難しいと言えます。

では、どのようにすれば良好なコミュニケーションが図れるのでしょうか。そのひとつは、相手に良い質問をすることです。これまで述べてきたように、笑顔でうなずきながら相手の話を聞くだけでなく、相手の話を促す質問や、相手の話をより掘り下げる質問をすることが重要となります。こちらは「キャッチボール型」の会話です。

人によってはテーマからどんどん脱線する人や、説明がうまくない人、回りくどい人もいますが、質問には話し手や聞き手の頭を整理する効果もあります。

● テンポ良い会話のための質問法

基本的な質問方法に、「オープン・クエスチョン」と「クローズド・クエスチョン」があります。

「オープン・クエスチョン」は、例えば「前回の治療の後、痛みは出ましたか?」「起床時にブラッシングしていますか?」というような、相手が

「はい」「いいえ」だけ、もしくは簡単に答えられる質問です。

一方、「クローズド・クエスチョン」は、「どこか気になるところはありますか？」「その後、いかがですか？」というように、相手の内面に訴えかける質問で、簡単に答えにくい性質のものです。

「クローズド・クエスチョン」ばかり繰り返すと、詰問・尋問のようになってしまうため、この２つの質問を適度に織り交ぜることで、テンポの良いスムーズな会話になるのです。

Point 6 心で聞く

● 名前を呼ぶ効用

卒業アルバムや社員旅行の写真など、集合写真を見る時、ほとんどの人は自分の顔を最初に探すようです。同じように、人間の耳に最も心地良く感じる言葉は自分の名前という説があります。相手が気分良く話すためには、会話の中に相手の名前を織り込むのが有効なのです。

「どう思いますか？」ではなく、「石井さんはどう思いますか？」というように、話し上手な人は必ず相手の名前を呼びかけています。すると、相手は「自分だけに話しかけている」という感覚を持つのです。

例えば、朝の短いあいさつでも、「石井さん、おはよう」と、まず名前を呼びかけてみると、きっと変化があるはずです。

第１章　ホテルに学ぶ・おもてなしの心としぐさ

● 共感の重要性

　その他に、相手の話に共感することも重要です。例えば、「最近、仕事が忙しくて大変なんですよ」と相手が言ったら、「そうですか。お仕事が忙しくて大変なんですね」という具合。その後に「身体にお気を付けて」と添えれば、さらに相手の感情により深く入り込めますが、話をそのまま繰り返すだけでも、相手は十分「私の話を聞いてくれている」という気持ちになるのです。

　逆に、相手が心を閉ざしたり、話しにくくなってしまう話し方は、「急に話題を変える」「自分のことばかり話す」「すぐに反論する」などです。

　例えば、相手が「夏休みに初めて家族でハワイに行ったんだけど、すごく楽しかった」と旅行の話をしている時に、「今日は○○の検査をしますね」「私はゴルフ三昧でした」「私は、夏はハワイより、涼しい所に行きたいですね」などと言えば、相手はいい気はしないのではないでしょうか。

　私たちは、普段これと似たようなことを気付かないうちによくしているものです。相手の話の腰を折らないように心したいものです。

「聞く練習」のススメ

庭のホテル 東京では、上司と部下の会話、あるいはスタッフとお客様との会話を想定したコミュニケーション研修を実施しています。いわゆるロールプレイング形式の研修です。

2人一組で上司役と部下役、お客様役とスタッフ役を交互に行い、例えば「相手の目を見ない」「横を向く」などのシチュエーションで会話をすることで、話し手がどのような気持ちになるかを体験してもらいます。研修参加者は互いに照れもあり、最初のうちはなかなかうまく会話が進みませんが、次第に真剣に研修に入り込むようになります。

また、その会話シーンをVTRに撮って本人に見せることもあります。自らの気付きと、他の研修参加者からのフィードバックを通して、普段の何気ない会話で、どのようなことに注意すれば会話がスムーズに進むかがよくわかるのです。

聞き手の態度は、想像以上に話し手に影響を与えるものです。

皆さんも、ぜひスタッフ同士で、NG例を交えて体感してみてください。

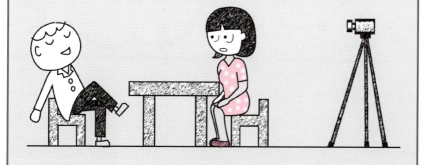

ホテルに学ぶ おもてなしの 心としぐさ

❽ スムーズな会話のコツ

来院者に依頼をする時には…

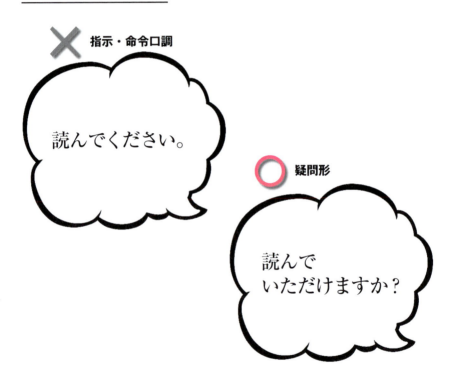

✕ 指示・命令口調

読んでください。

◯ 疑問形

読んでいただけますか？

まず、ひと言を添えることから…

　会話を弾ませるためには、一方的に話すのではなく、相手の話を膨らませたり、話題を転換させたりする必要がありますが、その技術の習得は意外と難しいものです。そこで、まずはあいさつの後にひと言言葉を続けるだけでも、会話は生き生きとしてきます。

　例えば朝、「おはようございます」だけで済ませるのではなく、「今日は雨が降りそうですね」「昨日のサッカーの試合はご覧になりましたか?」「素敵な色のネクタイですね」などと付け加えるのです。

　慣れない間は誰に対してもワンパターンの言葉がけしかできないかもしれませんが、天候の話、社会で話題になっている出来事、相手に関心を示すひと言などから実践してみましょう。

疑問形で相手に安心感を与える

　「読め」「読んでください」「読んでいただけますか?」「恐れ入りますが読んでいただけますか?」「恐れ入りますがお読みいただけませんでしょうか?」

　どれも相手に対して「読む」ことを求める言葉ですが、全く印象が違うと思います。

　人間は、自己防衛の基本欲求を持っているので、相手から命令されること、決定権を相手に委ねることに自然と身の危険を感じます。では、その警戒心を解くにはどうすればよいのでしょうか。相手に決定権を渡せばよいのです。

　つまり、相手に行動を促す場合には、「やれ」という一方的な指示命令ではなく、「やっていただけますか?」と相手に決定権を渡せば、相手は安心するのです。同時に、相手の自発的な行動(内発的動機)を促すので、「やらされている」のではなく、「自らの意志で行動している」という感覚

第1章　ホテルに学ぶ・おもてなしの心としぐさ　35

「バイト言葉」と「一般的な言葉」

バイト言葉・若者言葉	一般的な言葉
こちらの商品でよろしかったでしょうか？	こちらの商品でよろしいでしょうか？ こちらの商品でよろしゅうございますか？
お待たせしました。こちらがご注文の商品になります	お待たせいたしました。こちらがご注文いただいた商品でございます
お会計の方よろしいでしょうか？	お会計させていただいてよろしいでしょうか？ お会計させていただいてよろしゅうございますか？
1万円からお預かりします	1万円お預かりいたします
先にお支払いいただく形になります	先にお支払いいただきます

にもなれます。

　ホスピタリティ産業では、お客様にお願いしたり、質問したり、意向に添えずにお断りせざるを得ない場面もあります。そのような際は「クッション言葉」を使ったり、肯定的な言葉を使ったりすると、非常にスムーズな会話になります。

相手に安心感を与える表現

	一般的な表現	クッション言葉を用いた表現
お願いする	こちらに記入してください	お手数ですが、こちらにご記入いただけますか？
お願いする	ここに来てください	ご足労ですが、こちらにお越しいただけますでしょうか？
お願いする	ここに座って待ってください	恐れ入りますが、こちらにお掛けになって、お待ちいただけませんでしょうか？
質問する	どなたですか	失礼ですが、どちら様でいらっしゃいますか？
質問する	会社名を教えてください	差し支えなければ、御社名をお伺いできませんでしょうか？
相手の意向には添えない、断る	受付は終了しました	申し訳ございませんが、本日の受付は終了いたしました。よろしければ、次回のご予約を承りましょうか？
相手の意向には添えない、断る	石井は外出しています	あいにく、石井は外出しております。私でよろしければ、ご伝言を承りましょうか？

	一般的な否定表現	否定形を肯定形に変えた表現
肯定的に表現する	ここに座らないでください	申し訳ございませんが、こちらにお掛けいただくことはご遠慮いただいております。よろしければ、あちらにお掛け願えませんでしょうか？
肯定的に表現する	席はありません	申し訳ございませんが、ただ今満席でございます。よろしければ、席が空き次第ご案内させていただきますが、いかがいたしましょうか？

ホテルに学ぶ おもてなしの 心としぐさ

❾ 電話美人になるために

電話している時の態度や表情は？

✕ ぞんざい

「ありがとう ございます」

○ 笑顔

「ありがとう ございます！」

声から表情や態度はわかる

　携帯電話が一般的な通信手段として使われるようになった影響も大きいのかもしれませんが、最近、電話をかけてもよい時間帯、言葉遣い、名乗り方、呼び出し方など、電話のマナーが乱れているように思います。そこで、あらためて、電話の受け方、かけ方について、考えてみたいと思います。

　当ホテル内の社員の電話応対研修で、次のようなプログラムを行いました。電話をかける人が「無表情」「怒った顔」「笑顔」の３パターンの表情で、それぞれアトランダムに「お電話ありがとうございます。庭のホテル東京でございます」という短いフレーズの言葉を言い、他の研修参加者は、どの表情で電話に出ているかを当てるというものです。声を聞くだけですが、的中率は100％でした。

　これはつまり、たとえ顔が見えていなくても、どのような表情、場合によってはどのような態度で電話応対をしているか、電話の向こうにいる相手には伝わるということを意味しています。周囲に見ている人がいなくても、怒った顔や無表情な顔で電話に出たり、横柄に足を組んだり、椅子の背に大きくもたれたり、肘を突いたりしながら電話をすることは避けたいものです。

　電話応対は、いつも笑顔で、普段より声を高めにして、大きな声でハッキリとした言葉で、そして姿勢を正して行いましょう。

　ぜひとも、「電話美人」「電話ハンサム」を目指してください。

第1章　ホテルに学ぶ・おもてなしの心としぐさ　39

「受け方美人」になるための9つのポイント

Point 1 電話機は机の左側に置く

受話器のカールコードがグルグルによじれている電話機をよく見かけますが、見苦しいですし、使いづらいものです。

通常、右利きの人は受話器を左手に持って、右手でメモを取るので、持ち替えないで済むよう最初から左側に電話機を置くと良いでしょう。

⚠ **電話は左手で取る**

Point 2 常にメモとペンを用意しておく

電話の内容はメモを取りながら聞かないと、言われたことを忘れることがあります。その都度探さなくて済むように、電話機の横にメモとペンを常に置いておきましょう。

⚠ **電話はメモを取りながら応対する**

Point3 ベルが鳴ったら3コール以内で出る

電話をかけてもなかなか出ないと、相手はイライラするものです。もしかしたら、そのまま電話を切って二度とかけてこないかもしれません。それはつまり、ビジネスチャンスを逃していることになります。

医院によって、3コール以内、あるいは2コール以内に電話に出ると決めている所もあるようですが、来院者への応対や電話が立て込んで、すぐに出られない場合もあります。その際は、必ず「お待たせいたしました」という第一声から始めます。5コール以上鳴らしてしまったら、「お待たせして申し訳ありません」という心からのお詫びの言葉から、電話応対を始めるべきでしょう。

40 「医療スタッフのための 美しいしぐさと言葉」

❗ 3コールを超えたら「お待たせいたしました」とお詫びする。
5コールを超えても出なかったら、ホスピタル産業として失格‼

Point4 メモは6W3Hで書く

　話があちこち飛んだり、クドクドと説明したりして一向に要領を得なかったりする人への対応では、聞き忘れといった問題が起きやすくなります。

　そのような場合には、こちらが主導権を握り、質問しながら話を進めるとスムーズに会話ができます。また、6W3Hを念頭に置いて電話応対を行うとモレがなくなります。電話応対メモも、6W3Hに沿ったものを準備すると便利です。

　メモには、必ず電話を受けた日時も記入しておきましょう。

❗ 電話の内容は「6W3H」で確認するとモレがなくなる

確認すべき「6W3H」

When	日時、期限、期間、予約日	いつ、いつまでに、何日間
Where	場所	どこ、どこへ、どこで
Who	電話をかけてきた人	誰から、会社名、担当者名、患者名
To Whom	電話をしたい相手	誰に、誰と、どの部署
What	用件、商品	何を、何に、何と
Why	理由	なぜ
How	方法、媒体、手段	どのようにして、何を使って
How much	予算、見積、費用	いくらで
How many	数量	何人、何個、何箱、何本

第1章　ホテルに学ぶ・おもてなしの心としぐさ　41

Point 5　保留は短く

「少々お待ちください」と言って保留にしたまま、いつまでも待たされると、「もしかしたら、忘れられたのかな……」と不安になったり、「まだかなぁ」とイライラしたりします。

保留時間が長くなりそうな時は、「お調べするのにもう少し時間がかかりそうですので、折り返しお電話させていただいてもよろしいでしょうか?」と、相手に確認することが必要です。散々待たせた後に、結局折り返しにするというのは避けたいですね。

- ・取り次ぎの際は保留にしてから話す
- ・受話器を手で押さえたまま話さない(思った以上に聞こえるもの)
- ・保留が長引いている時は、お詫びと途中報告の言葉がけをする
- ・保留が長くなりそうなら折り返す

Point 6　たらい回しにしない

例えばホームページに載っている情報について問い合わせがあっても、責任者しか知らないといったこともあるようです。医院全体で情報共有することで、来院者を待たせることがなくなります。せめて自院で何が行われていて、その責任者は誰かぐらいは把握しておきたいものです。

- ・自院の情報(診療メニュー、イベントなど)をしっかりと把握する
- ・来院者情報を事前にしっかり把握しておく

Point 7　必ず復唱する

「言った」「言わない」「聞いていない」という不毛で不愉快な責任のなすり付け合いをなくすためにも、メモを取ったら相手に内容を再確認したいものです。例えば、5時を17時と言うつもりが、誤って15時と言っ

たり、19時を9時と勘違いしたりすることもあるからです。

⚠ メモを見ながら電話内容を復唱し、間違いがないか確認する

Point 8 聞き間違い、言い間違いに注意

「勝浦」という地名を聞いて、和歌山県だと思ったら、千葉県だったなどということがあります。

また、日本には名字が42万もあると言われています。同じ読み方でも違う漢字、同じ漢字でも違う読み方もありますので注意しましょう。

⚠ ・類音語に注意
「1（いち）」と「7（しち）」、「病院」と「美容院」
・名前に注意
「なかむら（中村、仲村、中邑、中邨）」「角田（つのだ、すみだ、かくた）」
・地名に注意
「港区（東京都、名古屋市、大阪市）」「中央区（東京都、札幌市、大阪市、神戸市）」

Point 9 責任の所在を明確に

電話の最後に「私、石井が確かに承りました」と伝えることで、相手に安心感を与えることができます。「確かに」は、ひと言添えるだけで、相手の安心感がグンと高まる魔法のフレーズです。

また、自身の名前を名乗ることで、仕事に対する責任感も増し、間違いのないよう引き継ぎ、対応しようと思うものです。

⚠ ・電話を受けた者が名前を名乗り、責任の所在を明確にしておく
・相手が受話器を置くのを確認してから、指で静かに電話を切り、受話器を静かに置く

第1章　ホテルに学ぶ・おもてなしの心としぐさ　43

「かけ方美人」になるための14のポイント

Point 1 相手の仕事の手を止めることに注意！

忙しい時に限ってかかってくる営業の電話に、腹立たしい思いをした経験のある方もいらっしゃると思います。こちらの都合を無視して一方的に営業をかけられると、絶対にその商品は買いたくないと思ってしまいますよね。

電話はこちらの都合でかけているという、謙虚な気持ちでかけたいものです。

 電話は相手の都合ではなく、自分の都合であることを自覚する

Point 2 かける時間帯にも注意する

月曜日の午前中、金曜日の夕方、連休前や連休後には、なぜか電話が集中します。こういう時間帯は、当然相手も仕事がたまって忙しいものです。どうしてもこの時間帯に電話しなくてはならない場合は、まず初めに話してもいいか確認すると親切でしょう。

・相手が忙しい時間帯は避ける
・「予約の件で3分ほどお時間をいただいてもよろしいでしょうか」などと最初に確認する

Point 3 電話以外の方法でも用件が足りるか考える

最近ではメールが主要な通信手段になってきましたが、用件によっては、まだまだ電話を利用する人が少なくないようです。

院内のパソコンだけでなく、携帯電話などのモバイル機器で外出先か

らもメールが見られるようなシステムを取っている所も増えています。急ぎの用件でないなら、まずメールを送ってみて、返事がなければ電話をかけるというのもひとつの方法です。

!
- 電話は緊急を要する場合に使用する
- 緊急を要しない場合には、メール、ファックスなども活用する

Point 4 かける前にメモとペンを用意しておく

電話を受ける場合と同様、かける際にもメモとペンは必ず用意します。

! 電話機の横にはメモ用紙とペンを常備しておく

Point 5 話は手短に

「久しぶりですね。お元気でしたか?」

親しい人に久しぶりに電話をかけた際には、往々にして近況報告から始まるもの。しかし、世間話をしている間に肝心の話をし忘れたなどという、冗談にもならない笑い話になってはいけませんね。

「先に用件から済ませますね」などと断って、親しい相手であればあるほど、まずは用件から話し、その後に近況報告などをするようにしましょう。

! 特に知り合いに電話する場合、近況報告を最初に長々と話さない

Point 6 番号を間違えないように

名刺を見て電話をかける際、文字が小さくて見づらいことがあります。特にデザイン重視の名刺はなおさらです。初めて電話をかける時には、しっかりと番号を確認しましょう。

! 電話番号をしっかり確認する

第1章 ホテルに学ぶ・おもてなしの心としぐさ　45

Point 7 　まずは相手を確認

いきなり話し出さずに、電話に出た相手の会社名や部署、名前などを確認してから話し始めましょう。

❗ 相手の名乗りをよく聞く

Point 8 　最初のフレーズは特に大切

朝は特に明るくさわやかな声で話し始めると、相手に好感を持たれます。声の低い人は、意識的に高めのトーンで応対するように普段から心がけてみてください。

自分で自分のことはわかりにくいものなので、周囲の人のアドバイスを受けると、どれくらいの高さで話せばよいかがわかります。

❗ 明るく、高めのトーンであいさつする

Point 9 　始めに自分の医院名、名前を告げる

最初に、「庭野医院、受付の石井と申します」というように名乗りましょう。どこの誰かがわかれば、相手も安心します。

❗ 明るく、高めのトーンではっきりと名乗る

Point 10 　呼び出しの際は部署名を正確に

「いつもうちに来ている営業の方をお願いします」など、相手の部署や名前があいまいだと、探したりする手間が生じます。しっかりと部署を確認してから電話をしましょう。もしも相手の部署などが変更になっていたら、すぐに情報を更新しましょう。

❗ 部署、名前、内線番号などを正しく伝える

46 　「医療スタッフのための　美しいしぐさと言葉」

Point 11 結論、用件から話す

　話している間に何を言いたかったか忘れたり、途中で思い付いたことが出てきて全く違う話をしたりする人がいます。自分は話し上手だと思っている人ほど、言葉数は多くても要領を得ないことがあるので注意しましょう。

❗ なるべく簡潔なストーリーでまず用件から話す

Point 12 要点を整理してから話す

　「用件は3つあります。1つ目は予約時間の件で……」。最初に用件の数を言うと、聞く方も頭が整理できます。ただし、用件の数はせいぜい5つまでが限度で、ベストなのは3つくらいです。あまりに多いと、最初から心理的な負担になります。

❗ 話す項目を事前に整理して、個条書きにしておく

Point 13 一方的に話さない

　特に早口の人は、普段からゆっくり話すように意識しましょう。早口で話す人は息継ぎが少ないので、聞く方もだんだんと息苦しくなってきます。

　相手が話を理解しているかどうかは相づちで確認します。反応がない場合、「ここまでのところはご理解いただけましたか」などと確認することも大切です。

AB クリニックの○○ですが、先ほど注意事項を言い忘れまして今日お渡しした抗生剤は途中で中断されますと耐性が出来てしまうリスクがありますので、必ず4日間お飲みいただいてほしいのですが、それから腫れが2、3日たっても治らないようでしたらいつでもかまいませんので、お電話くださいと院長が申しておりますので…

第1章　ホテルに学ぶ・おもてなしの心としぐさ　47

- ・相手の反応、理解を確認しながら話す
- ・適度な間を取る

Point 14 用件が終わったら静かに電話を切る

　原則、電話をかけた方が先に切ってよいことになっています。

　ただし、用件が終わったからといってすぐに切るのではなく、少し間を空けてから受話器を置くと余韻が残り、相手に好印象を与えられます。

- 電話を受ける時と同様に、指で静かに電話を切ってから、受話器も静かに置く

✕ 受話器を直接置く

ガチャン

○ まず指で静かに切る

長過ぎる前置きに注意！

お電話ありがとうございます。
開院20周年を迎えました、
患者さまの素敵な笑顔をサポートする
医療法人社団恋歯会
ビューティーサポートデンタルオフィスの
コーディネーターの石井が
お電話を承ります！

　電話を受けた時に、修飾の長いあいさつや宣伝文句を定型文として応対する医院があります。しかし、それは自己満足にすぎず、来院者や取引先には不親切な行為ではないでしょうか。

　最近は、「○○デンタルオフィス」などの横文字の医院名が増えていますし、そこに医療法人名を加えようものなら、とても長くなってしまい、すぐには覚えられません。自院の宣伝をするよりも、相手がわかりやすいように、明確に医院名を名乗ることの方が大切だと思います。

　電話は貴重な宣伝ツールであり、医院の考え方を伝えられる良い機会との考えもあるでしょうが、相手に好印象を与えられるとは思えません。来院者のことを考えたルールがあってもよいのではないでしょうか。

ホテルに学ぶ おもてなしの 心としぐさ

⑩ 名刺交換のマナー

名刺交換する位置は？

 机の上で交換

 机の横で交換

名刺入れを…

 カバンを机に置いて出す

 お尻のポケットから出す

マナー講師によって教え方に違いも…

　名刺交換についてはマナー講師によって教え方が異なりますが、最も大きな違いは、名刺を「片手で」差し出すか、「両手で」差し出すかです。

　片手派の理由は、「受け取る時は相手を敬って両手で受け取り、自分の名刺はへりくだる意味で片手で渡す」、両手派の理由は、「たとえ自分の名刺であっても、相手に渡すものだから大事に取り扱う必要がある」というものです。

　本書では、片手で名刺を差し出す方法で説明します。「受け取る場合は必ず両手」というのは、共通した見解です。

名刺交換の注意ポイント

・自分の名刺を差し出す時は、名刺の左上を持つ

・受け取った名刺は、自分の名刺入れに載せる

・空気が乾燥する時期などは名刺が取り出しにくいので、あらかじめ名刺を出して名刺入れに挟んでおく（指を舐めて出すことは絶対にしない！）

・複数の相手と交換する場合も、人数分の名刺を出して挟んでおく

第1章　ホテルに学ぶ・おもてなしの心としぐさ　51

名刺交換の流れとあいさつ

　一般的な名刺交換の流れと、その際、どのようなあいさつをすればよいのか、名刺交換の流れに沿って説明します。

1 椅子から立ち上がり、机の横に立ってあいさつを交わす

「いつもお世話になり、ありがとうございます」。

「本日はお忙しいところ、お時間をいただきありがとうございます」。

2「目下の者、来訪者、商品やサービスを販売する側」から、会社名や医院名・部署名・氏名を名乗って名刺を渡す。「目上の者、訪問を受けた側、商品やサービスを購入する側」が名刺を受け取り、相手の会社名や医院名、部署名、名前を復唱する

「私、イロハ歯科器械、カスタマーソリューション事業推進本部の庭野太郎と申します。どうぞよろしくお願いいたします」。

「頂戴いたします。イロハ歯科器械（長い部署名は省略）の庭野太郎様ですね。どうぞよろしくお願いします」。

- ・先に名刺を差し出す側は、へりくだって、相手の名刺よりも下側から出す
- ・相手の名刺入れの上に自分の名刺を載せるように渡す
- ・すでに取引のある会社、長い部署名などは復唱を省略してもよい

3 目上の者が名乗って名刺を渡し、目下の者が受け取る（**2**の逆）

「私、ニコニコデンタルのコーディネーターの白鳥麗華と申します。どうぞよろしくお願いします」。

「頂戴いたします。白鳥麗華様でいらっしゃいますね。どうぞよろしくお願い申し上げます」。

相手の名前が珍しい場合や、読みにくい名前の場合、相手に確認する。名前から話題を広げると、初対面の緊張感が和らぐ

複数の人との名刺交換

お互い2人以上で名刺交換を行う場合、下図のように役職順に並んで順番に名刺交換を行います。

ただし、ゆっくりと名刺交換をしている時間がない場合や、同席者が多い場合、あるいは互いの上下関係がない場合などは、その場にいる人同士が順序を気にせずに名刺交換を行うこともあります。

複数の相手との名刺交換の順番

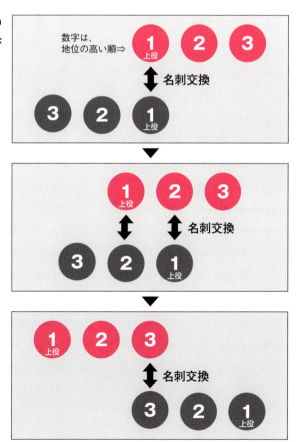

名刺入れの選び方と名刺の管理法

● 年相応のものを！

それなりに社会経験を積んだ年齢の人が、財布や定期入れの中から名刺を取り出すと、「エッ!?」と驚きます。

一方で、まだ若いのに、高級ブランドとひと目でわかるものや、色や形状が派手な名刺入れから名刺を出すのにも違和感を覚えます。やはり、職業や年齢相応のものを持つのが一番でしょう。

一般的に名刺入れは、落ち着いた色のものを使用します。高級ブランドの名刺入れであっても、ロゴがさりげなく小さく入っているものであれば、印象は悪くありません。

また、一度に多くの人と名刺交換する機会がある人は、自分と相手の名刺が多く入るもの、そして整理しやすいようにポケットがいくつかに分かれているものを選ぶと実用的です。また、名刺を入れ過ぎると取り出しにくくなるので、適度な余裕ができる枚数を入れるようにしましょう。

● 名刺の管理・扱いは丁寧に

名刺入れは通常、男性であれば上着の内ポケット、女性であればバッグに入れます。

ズボンの後ろのポケットから名刺入れを取り出したり、ポケットからそのまま名刺を出したりすると、かなりマイナスな印象です。相手からいただいた名刺もぞんざいに扱いそうですし、名刺の取り扱いがいい加減だと、日ごろの仕事振りもいい加減なのでは……と医院のイメージまで落としかねません。

名刺交換の際、名刺が汚れていたり、角が折れ曲がっていたりするのも、ビジネス上の信用をなくすことがあるので、くれぐれも気を付けたいものです。

相手は何気ないところもしっかりと見ていると心したいものです。

名刺を置く位置

　名刺交換した後に椅子に掛けて商談や打ち合わせなどを始める場合、受け取った名刺はどうすればよいでしょうか。

　一般的には、名前を覚えたら名刺入れに納めてもよいことになっていますが、相手との話が終わるまでは、名刺入れの上に名刺を載せて、机の上に出しておいた方がよいと思います。それは、話の中で「相手の名前を呼びかける」ことが、親近感を増す上で非常に重要だからです。

　人間が最も好きな言葉は「自分の名前」だと言われています。何度も自分の名前を呼びかけられると、相手に対する好感度が上がります。特に商談の場合には、取引が成立しやすくなるとも言われています。

相手が1人の場合

相手の名刺は名刺入れに載せる。名刺入れは「座布団」のイメージ。

相手が2人の場合

座っている順に横に並べて置く。名刺入れに載せるのは最上位者の名刺。

資料などがあり、机が狭い場合

「右側のお客様の名刺は上」などと決め、座っている順番がわかりやすいように置く。

第1章　ホテルに学ぶ・おもてなしの心としぐさ　55

途中で扱いがぞんざいに… **名刺を財布にしまう**

名刺を片付ける

　商談や打ち合わせが終わったら、席を立つ前にあらためて「ありがとうございます」「頂戴いたします」と言いながら、受け取った名刺を名刺入れに納めます。

　最後まで丁寧に相手の名刺を取り扱うことで、印象が良くなります。相手はしっかりと観察していますから、気を抜かないようにしましょう。

　女性ではまずないと思いますが、男性の場合の目立つNG例は、名刺入れをズボンの後ろのポケットにしまうことです。

名刺を切らしてしまった時は…

すみません。
名刺を忘れて
しまいまして…

名刺交換の際に、名刺を忘れてしまったことに気付いたら、「名刺を切らしてしまい、大変申し訳ございません。後日郵送させていただきます」とお詫びして、お詫びの手紙と共に名刺を送りましょう。

あえて正直に「忘れました」と言う必要はありません。

名刺を切らさないための対策として、いくつかのポイントをお伝えします。

【ポイント1】
もらった名刺はすぐに整理する

名刺交換をしたら、翌日にはいただいた名刺を出して、自分の名刺を補充します。名刺をすぐに整理すれば、「これはいつもらったっけ？」「名刺は足りるかな？」と悩むこともなくなります。

【ポイント2】
いつもより多めに名刺を入れる

多くの人と会うことが事前にわかっている場合には、多めに名刺を入れておきます。

【ポイント3】
大きな会合には名刺入れを2〜3個持っていく

研修会や展示会など、多くの方々と会う場合には、いつも使っている名刺入れの他に、予備を持っていくと便利です。予備の名刺入れがない場合は、名刺だけを持って、なくなりかけたらすぐに補充します。

⑪ 席次のルール

洋室では…

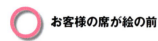 お客様の席が絵の前

男女では…

 男性が奥に座る　　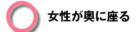 女性が奥に座る

「上座」「下座」発想は健在

　昔の家屋には、床の間と仏間が必ずあり、上座がすぐにわかったものです。また、長幼の序を重んじ、家父長制ということもあり、上座に座るのはその家の家長と決まっていました。そして、お客様が来た時は、床の間を背にした上座に案内することが当然でした。

　しかし、都会のマンションはもちろんのこと、現在の住居は洋風化が進み、床の間のある家が少なくなりました。それに伴い、日常生活の中で上座下座を意識するシーンも少なくなってしまいました。

　しかし、このように日常生活では廃れてしまった上座下座、席の序列も、まだまだビジネスマナーや常識として健在です。知らずに恥をかくことのないよう、ここであらためて確認しておきましょう。

　上座下座は日本独自の習慣と考えられがちですが、欧米社会などでも、王様や司祭様など、最も位の高い人が奥の席や高い席に座ることが当たり前ですから、ごく自然な考え方なのかもしれません。

TPOに合わせた柔軟な対応を

　基本を知った上で、TPOに合わせて柔軟に応用することも大切です。プロジェクターや景色が見やすい位置にお客様を、高齢の方の場合、「車椅子で入りやすい位置に」「お手洗いに近い位置に」といった配慮が喜ばれる場合もあります。

　車の場合、「体格の良い人が助手席に座った方が、後ろの人がゆったりと座れる」「着物だと、手前の席の方が出入りが楽」などの理由であれば、基本を崩しても周りの納得が得られやすいでしょう。その際、周りの人に一声かけることで、席次の基本を知らないという誤解をされずに済みます。

応接室でお客様を迎える場合

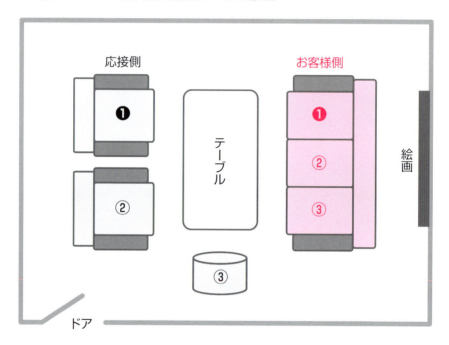

　応接セットを準備する場合には、一般的にはドアから遠い側に長いすを設置し、その背後の壁に絵などを飾ります。絵は和室で言えば床の間の掛け軸の役割をし、上座を表すからです。お客様側に長いすを用意するのは、3人までは座れるようにするためです。

- 応接側が3人で迎える場合は、追加のいすを入り口に近い所に設置する（③）

会議室でお客様を迎える場合

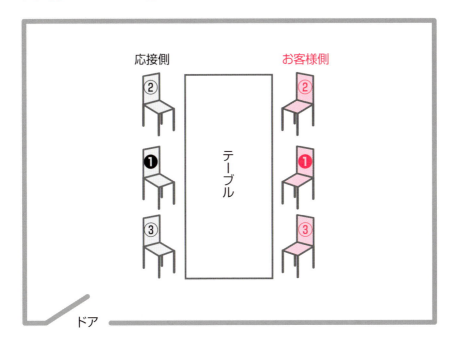

　応接室がないなどの理由で、会議室などでお客様を迎える場合、上位者が中央に座るようにします。迎える側も、役職の順位をお客様側に合わせて座ります。

- お客様は出入り口から遠い側に案内する
- 飲み物を出す場合は、原則として席次の順に出す。時として、奥から役職順に座ることもあるが、その際は応接側の席次を参考にして判断する

和室（同じグループの場合）

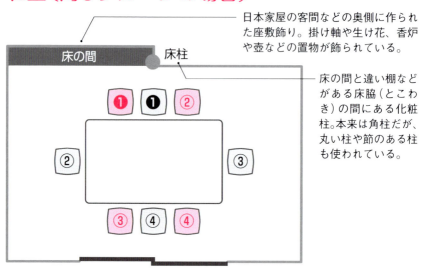

　和室の場合、入り口（襖）の場所にかかわらず、床柱、床の間の前が上座になります。机の4辺に座る場合には、黒数字の席次となります。

座布団の前後、裏表

　座布団にも前後、裏表があります。4辺のうち縫い目のない辺が前です。
　また、座布団の中綿が偏らないように中央が糸で留められていますが、糸の房があるほうが表です。

和室（お客様を迎える場合）

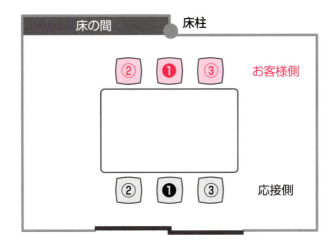

　1人、3人など、奇数で上座側に座る場合は、床柱の前の中央が最上席となり、次席は床の間の前となります。応接側は、お客様の席次に合わせて座ります。上図の場合は、応接側も中央が最上位者、次席は床の間側となります。

円卓で会議や会食を行う場合

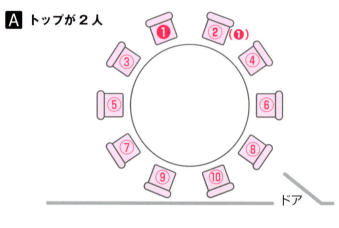

A トップが2人

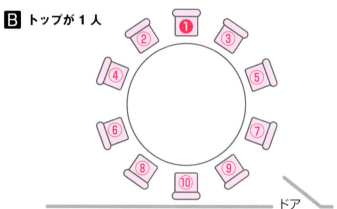

B トップが1人

　結婚披露宴や宴会なども含め、円卓の席次がしっかりとわかっていると、戸惑うことはなくなります。

　自院で会議・会食を行う場合は、A、Bどちらの席次でも構いません。同等の上位者が2人同席する場合はA、トップが1人の場合はBとなります。

2医院が同席する場合

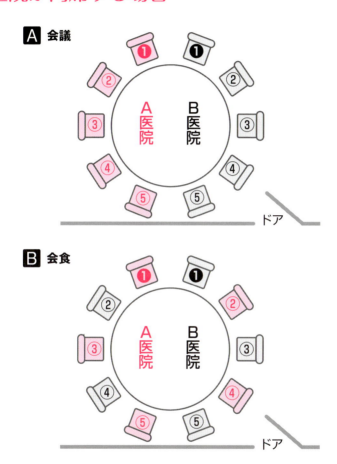

　2つの医院が同席する会議などでは、Aのように、A医院側、B医院側に分かれて行います。
　会食の場合、主目的は両医院の懇親・懇談なので、Bのように、A医院側、B医院側に交互に着席すると、互いの交流が一層図れるでしょう。

タクシーに乗る場合

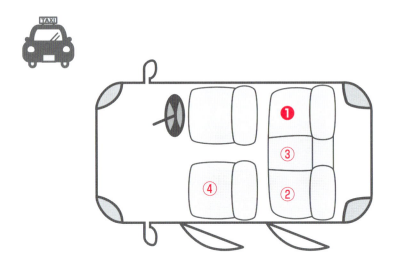

　④の席はゆったりしているものの、万一事故が起こった場合は死亡率が高いため、末席になります。もしも3人しか乗らない場合は、③を除いて❶、②、④という序列になります。

　❶の席は、最も安全という理由で上席ですが、奥にあって乗り降りが面倒なため、本来❶に座る人が高齢者や体の大きな人だと、あえてドアに近い②に座る場合があります。このような場合は、本来❶に座る人が「足が悪いので、奥は乗り降りが大変だから、手前に座らせてもらいます」などと言えば、目下の人も気が楽になるのではないでしょうか。

電車に乗る場合

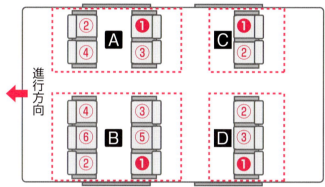

　原則は、「進行方向を向いている席」「窓側」が上座で、その逆の「進行方向に背を向けた席」「通路側」が下座になります。そして、「窓側」が「進行方向」の問題よりも優先します。

　ただし、進行方向に向かって座らないと乗り物酔いしてしまう人がいる場合などは、「進行方向」の方を優先させます。その際には、Aでは❶、③、②、④という序列になり、Bでは❶、③、⑤、②、④、⑥という序列になります。

ホテルに学ぶ
おもてなしの
心としぐさ

⑫ 訪問のマナー

靴の脱ぎ方、そろえ方

相手に
お尻を向けて脱ぐ

正面を向いたまま、
靴を脱いで上がる [入船]

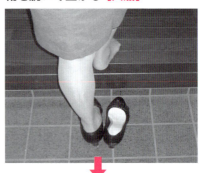

玄関の方に振り返り、
靴を玄関の方に向ける [出船]

訪問先で靴を脱ぐ時は

今では和室のない家が多くなりましたが、洋風の一戸建ての家にしても、マンションにしても、ほとんどの日本の家では、玄関で靴を脱いで上がります。

しかし、玄関での靴の脱ぎ方、そろえ方は意外と知らない人が多いようなので、ここで再確認しておきましょう。

ポイントは、いつでも相手にお尻を向けないということです（相手にお尻を向けるのは失礼になるため）。

靴の脱ぎ方、そろえ方

① 正面を向いたまま、靴を脱いで上がる＝靴は〔入船〕の方向

② 玄関の方に振り返り、膝を突いてかがむ
　※この時、少し斜めに向き、相手にお尻を向けないようにする。

③ 手で靴を玄関の方に向けてそろえる＝靴は〔出船〕の方向
　※次に来るお客様の邪魔にならないように、玄関の端（げた箱側）に靴を寄せておく。

〔入船〕〔出船〕とは、靴の形が船の形に似ていることから、靴を船になぞらえて、靴のつま先（船の舳先）が前の方を向いていることを〔入船〕、逆に靴のつま先が玄関の方を向いていることを〔出船〕と表現する。

第1章　ホテルに学ぶ・おもてなしの心としぐさ　69

訪問時の主な注意点

取引先などを訪問する際の主な注意点は、以下の通りです。

1 緊急時などを除き、できる限り事前に連絡してから訪問する

訪問日時、訪問人数、役職、氏名、用件などを事前に伝えておきましょう。相手がそれに合わせて準備することができます。

2 約束の時間の５分前くらいに到着するようにする

早すぎると、先約があったり、仕事を中断させたりして迷惑をかける可能性があるので避けましょう。また、遅刻しそうな場合には必ずお詫びの連絡をし、どれくらい遅れるかを伝えます。

3 冬場はコートを建物の外で脱ぐ

これには、室外のホコリを室内に持ち込まないという意味があります。

4 医院名、氏名などを名乗り、取り次ぎをお願いする

「おはようございます。庭野医院の石井と申します。10時に事務長の田中様にお約束をいただいているのですが……」。

5 部屋に通されたら、下座（入り口付近）で立ったまま待つ

原則として、相手に席を勧められてから座ります。

6 手土産は紙袋や風呂敷から出して渡す

「どうぞ、皆さまでお召し上がりください」と言ってお渡しします。
その際、以前は「粗末なものですが……」とへりくだるのが良しとされ

70 「医療スタッフのための　美しいしぐさと言葉」

ていました。しかし、最近では、「このお菓子は、私たちの院内でも評判
で……」といった言葉を添えた方が、お互いに気持ち良く受け渡しするこ
とができるという考えが定着してきているようです。「私たちに本当にお
いしいものを食べてもらいたいと思って持ってきてくださった」と感じて
もらうことができるからです。

「医療スタッフのための　美しいしぐさと言葉」

第 2 章

医療現場にふさわしい
気配りの言葉

北原文子
エイチ・エムズコレクション
副社長／歯科＆美容プロデューサー

　ちょっとした言葉遣いやしぐさによって、医院のイメージは大きく左右されます。
　エイチ・エムズコレクションは、1994年から多くの歯科医院をサポートし続けていますが、その中で、特に接遇面を中心に指導してきた経験から、さまざまなシーンのNG対話例と、望ましい対話例とをご紹介します。

医療現場にふさわしい **気配りの言葉**

❶

【準備テスト】
こんな言葉遣いしていませんか？

1	お名前、ご住所からおっしゃっていただけますか？
2	1,000円からお預かりします。
3	お席の方にご案内します。
4	痛いところはございませんでしょうか？
5	本日は治療でよろしかったでしょうか？
6	薬は処方箋をお渡しするという「カタチ」です。処方箋は薬局に出していただく「カタチ」です。
7	いちおう承りました。とりあえず結果が出たら、担当者から連絡するふうになっています。たぶん、なにげに1週間はかかると思います。
8	（何でもかんでも…）すみません、すみません。

正しくは…

···> **1** お名前、ご住所をおっしゃっていただけますか？

···> **2** 1,000 円お預かりします。

···> **3** お席にご案内します。

···> **4** 痛いところはございますか？

···> **5** 本日は治療でよろしいですか？

···> **6** 薬は処方箋をお渡しします。処方箋は薬局にお出しください。

···> **7** 承りました。結果が出たら、担当者からご連絡します。1 週間はかかると思います。

···> **8** ありがとうございました。（感謝）
申し訳ございませんでした。（謝罪）
恐れ入りますが…。（依頼）
お手数をおかけしますが…。（依頼）

医療現場にふさわしい **気配りの言葉**

❶ 受付
（患者さん対応）

写真協力：ウニクス成田歯科（千葉県成田市）

天気の悪い日の声がけ

「こんにちは」

「こんにちは。足元の悪い中お越しくださり、ありがとうございます」

Point
お決まりのあいさつだけでなく、ちょっとした声がけで、好印象を与えることができます。来院者へ感謝の言葉も添えてみましょう。

「寒いですね」など、天候の話題に対して

「ああ、そうですね」

「本当にそうですね。お寒くなってきましたね」

Point
「暑く」「寒く」には、「お」を付けてもよいですが、それ以外の現象（広い、明るいなど）には、原則「お」を付けません。

76 「医療スタッフのための　美しいしぐさと言葉」

患者さんを呼ぶ

（患者さんの顔を見ず、または別の作業をしながら）「○○さん（様）〜」

（患者さんに視線を向けて）「○○さん（様）〜」

言葉以外の影響も大きいものです。目と口元が大切なポイントなので、優しい表情と声で呼びましょう。

初診の患者さんが来院

（問診表などに記入してもらった後）「少々お待ちください」

「順番になりましたらご案内しますので、そちらにかけてしばらくお待ちください。5分ほどでご案内できると思います」

初診の患者さんは、医院の施設や診療の流れがわからず、不安が大きいもの。そのようなときは、少しの配慮があるかないかで、医院のイメージが大きく左右されます。

患者さんが保険証を忘れた

「今日は全額ご請求いたします。次回、保険証をお持ちいただいた時に差額分をお返しさせていただくということでよろしいでしょうか」

（診療前に）「恐れ入りますが、本日は保険証をお持ちいただけなかったので全額お預かりしますが、よろしいですか？後日、保険証をお持ちいただいた際、差額分をお返しいたしますので」

特に急患の場合、保険証を忘れることも少なくありません。きちんと説明するのはもちろん大事ですが、患者さん自身も負い目を感じているはず。追い討ちをかけるような言い方は慎みましょう。

第2章　医療現場にふさわしい・気配りの言葉　77

「まだ、待つんですか?」と聞かれた

「そうですね。他にもお待ちいただいているので」

「申し訳ありません。本日は急患の方がいらして、時間が押してしまい、みなさまにご迷惑をおかけしております。あと10分ほどでご案内できると思います」

不満を口にする前から、患者さんは我慢しているはずです。まずはお詫びして、差し支えない程度に事情を説明した上で、見通しも示しましょう。

患者さんから必要な通院回数を聞かれた

「たぶん……あと○回くらいじゃないですか?」

「ただ今、確認して参ります」⇒ (医師に確認した後) ⇒「今後、特に問題が出なければ○回くらいだと思います」

自分の判断でいいかげんな返事をしないこと。もし大幅に違っていたら、不信感を持たれてしまいます。常に患者さんの視点に立ち、できるだけ正確な情報を発信しましょう!

患者さんの口周りに、印象材が付いていた

「……」(鏡を見れば自分で気づくだろうと、見て見ぬふり)

「申し訳ありません。お口元に印象材が付いているのを見落としてしまったようです。(手鏡とタオルなどを渡して)こちらのタオルでお拭きいただけますか」

印象材や咬合紙の跡がついてそのままということでは、患者さんの周囲からも、「配慮のない医院に通っているんだな」と思われてしまうので、要注意です。

column 「〜させていただく」はNG？

「問診表を拝見させていだいたのですが、ご相談させていただきたいことがありまして、お電話させていただきました」。

これは、敬語の初心者にありがちな話し方で、「〜させていただく」がいっぱい。聞いている方はイライラしてきそうです。

させていただく
させていただく
させていただく

イラッ

「〜させていただく」は相手に許可を得るという意味の謙譲語で、かなり敬意の高い表現です。どんな言葉にもつけられるせいか、便利に使われていますが、敬語というものは、過不足なく使ってこそスマートというもの。

今回の会話を適切なものにすると、以下のようになります。

「問診表を拝見しましたが、ご相談させていただきたいことがありまして、お電話いたしました」。

「〜させていただく」を使う場合は一つの文章の中で1回までにするとすっきりします。

また、「拝見する」はそれ自体が謙譲語なので、さらに「〜させていただく」をつけると過剰な印象になります。

適切な敬語ですっきりと話をした方が、話の内容も伝わりやすいものです。

第2章　医療現場にふさわしい・気配りの言葉　79

医療現場に
ふさわしい
気配りの
言葉

❷ 受付
（来客対応）

写真協力：ハート歯科クリニック（新潟県柴田市）

あいさつ(1)

 「こんにちは！」

 「こんにちは。お待ちしておりました」
「いらっしゃいませ。
お待ちしておりまし
た」

Point
　自分から入り口の方に近づいて「お待ちしておりました」と言うと、より丁寧な印象です。
　特に初めての訪問の場合、いろいろと不安に思う方も多いもの。このような声がけは予想以上にうれしいのです。

あいさつ(2)

 「本日はご苦労さまです」

 「お待たせいたしました。本日はわざわざお越しいただきましてありがとうございます」

Point
　「ご苦労さま」は、目下の人への表現です。
　来院への感謝の言葉を添えるのが大切で、「お越しいただく」よりもさらに丁寧な表現は、「お運びいただく」です。

医院の都合で呼んだ場合

「呼びつけまして、申し訳ございません」

「本日は、お呼び立てしまして申し訳ございません」

「お忙しいところ」「こちらの都合で」などと前置きしてもよいでしょう。

来院者の確認

「○○様でおられますね」

「○○様でいらっしゃいますね」

方言などの問題もありますが、「おる」は丁寧語で尊敬語ではないので避けましょう。

アポイントの有無を確かめる

「アポイントはおありですか？」

「こんにちは。お約束をいただいておりますでしょうか？」

「アポイントがある」という言い方はしません。「おあり」と丁寧に言ってもNGです。
　いずれにしても来院者にはまず、あいさつをしてからアポイントの有無を確かめましょう。

用件を聞く

「どのような用件ですか？」

「(恐れ入りますが・失礼ですが) ご用件をお伺いできますか？」

アポイントがないことがわかっても、明らかに不審そうな言い方をしたり、横柄な応対をしたりするのは失礼です。

手土産の報告

「○○さんから、これもらいました」

「○○さんから、こちらを頂戴いたしました」

この場合、少々言葉遣いは間違っていても、いただいたことを院長や先輩に報告することが一番大事です。
　頂き物をお茶と一緒にお出しするときには、必ず「お持たせでございますが」と言いましょう。

お客様が来たことを、院長（上司・先輩）に告げる

「院長、A社の佐藤さんが来ましたよ」

「院長、A社の佐藤さんがお見えになりました」
「院長、A社の佐藤さんがお越しになりました」

「いらっしゃいました」でもOKです。来訪者の前で取り次ぐときには、特に言葉に注意しましょう。見えない場所であっても気を抜かないこと。

院長などに取り次ぐためにお待たせする

❌「すぐに来られますので、お待ちください」

⭕「ただ今参りますので、少々お待ちくださいませ」

Point
お客さんに対し、自分の上司に尊敬語を使うのはNGです。「来る」の謙譲語では、「参る」を使うのが正解です。

中に通して待っていただく

❌「こちらです。奥の席へお座りください」

⭕「こちらでございます。どうぞ奥の席にお掛けください」

Point
来客者が入室したら、すぐに「奥の〜」と座る場所を指示してください。「お座りください」でもよいのですが、「お掛けください」の方が丁寧です。
自院の院長室、応接室、会議室などの席次は、日ごろから頭に入れておきましょう（60p〜参照）。

来客者が荷物を持っていた

❌「こちらに置いてください」

⭕「よろしければ、こちらにどうぞ」

Point
来客者が特に大きな荷物を持っている場合などは、具体的な置き場所を指しながら対応します。

医療現場にふさわしい気配りの言葉

❸ 電話応対

写真協力：ことぶきわたなべ歯科（東京都台東区）

出るまでに待たせてしまった

「○○医院でございます」

【3コール】
「お待たせいたしました。○○医院でございます」
【5コール以上】
「大変お待たせいたしました。○○医院でございます」

　NTTデータによると、11秒待つと人はイライラしてくるとのこと。3コールでは9秒、5コールでは15秒になります。
　3コール以上の場合は、「お待たせいたしました」の言葉を忘れずに。

声が小さくて聞き取れない

「お声が小さく聞き取ることができません」

「少々お電話が遠いようですが」

　相手のせいではなく、電話のせいにした方が角が立ちません。相手を責めるような言い方はタブーです。

■ 急患などの電話対応に備え、院内で対応マニュアルを作成しておきましょう。
・患者さんに確認すること、来院時に持参いただくものをまとめておく
・自院までの経路を、スタッフ全員が説明できるようにしておく（最寄り駅やバス停から、また車の場合など。目印のお店などが変わることもあるので、要注意）

相手が名乗らない

❌ 「どちら様でいらっしゃいますか？」

⭕ 「お名前を伺ってもよろしいでしょうか？」

Point
敬語の使い方として間違っていないとしても、きつく聞こえる言い回しは避けた方がよいでしょう。「失礼ですが」、または「恐れ入りますが」と付ければ、なお丁寧です。相手が誰だかわからないまま取り次ぐのは良くありません。

診療中に院長につないでほしいと言われた

❌ 「院長は治療中です」。

⭕ 「申し訳ございません。あいにく院長はただ今治療中です。いかがいたしましょうか？」

Point
表情やしぐさがない分、電話の相手は言葉そのものや声のトーンに敏感になっています。ぶっきらぼうに事実だけ伝えるのではなく、謝罪の言葉とともに、相手の意向を尋ねるようにしましょう。

伝言を頼まれた

❌ 「了解しました。そのように伝えます」

⭕ 「かしこまりました。そのように申し伝えます」

Point
よく耳にする「了解しました」は、やや砕けた言い方なので、使わない方がよいでしょう。

外出中の院長の携帯番号を聞かれた

✗ （院長の知り合いなら、教えても大丈夫よね……）
「はい。○○番です」

○ 「お手間をかけては申し訳ないので、こちらから連絡を取り、○○様へ折り返すよう申し伝えます」

Point
基本的に教えるのはNG。「教えてもらえないの？」と言われたら、「申し訳ありません。移動中で連絡が取りにくいかと思いますので、こちらで急ぎ対応させていただきます」と、婉曲に断りましょう。

指名者が休んでいる

「本日、鈴木はお休みさせていただいております」

「申し訳ありませんが、本日、鈴木は休んでおります」

Point
×の例は、よく使われる言い回しですが、これでは電話をかけた方が、休みの許可を与えていることになるので不自然です。

就業後の電話で、担当はすでに帰った

「山田は、もう失礼させていただきました」

「恐れ入ります。山田はすでに医院を出ております。明日は9時には出勤する予定です」

Point
就業後であっても「恐れ入ります」と対応し、すでに帰ったことを告げます。
電話をかけた方は、いつごろ連絡がつくか気になりますので、その情報も伝えるようにしましょう。

「終わりそうですか？」と聞かれた

「ちょっとわかりかねますが……」。

【数分で終わるようなら】
「間もなく終わると思います」
【長引きそうなら】
「長くかかりそうですが、いかがいたしましょうか？」
【判断がつかない状況なら】
「予想がつかない状況ですので、終わり次第こちらからお電話いたしましょうか？」

自分個人として捉えるのではなく、医院全体の代表であることを意識した対応をしましょう。突き放すような言い方は、相手に悪い印象を与えてしまいます。

「どれくらいで終わりますか？」と聞かれた

「30分ぐらいで終わると思います」

「30分ほどで終わる予定です」

「ぐらい」は稚拙に聞こえるので、「ほど」と言い換えた方がよいでしょう。また、「思う」は「予定」と言い換えましょう。

診療中に電話を受けたことを伝える

「さっき、田中さんから電話がありました。それと、A社からも……」

「先ほど、診療中にお電話が2件ございました。田中様（さん）とA社からです」

まず、「いつ」「何があったのか」を先に伝えると、聞いた方は理解しやすくなります。

第2章 医療現場にふさわしい・気配りの言葉　87

電話をかけるときの注意ポイント

電話で用件を上手に伝えるのは、意外に難しいもの。プライベートな電話と違い、短時間で必要なことを漏らさず伝えるよう、以下のようなことを心がけましょう。

かけるタイミングに注意する

電話は仕事に割り込むものなので、慌ただしいときや席を外しているときは避けましょう。特に話が長くなりそうなときは、急ぎの電話でない限り、相手がゆっくり応対できそうな時間帯を選んでかけるのがマナーです。

かける前に用件を書き出しておく

簡単な電話であれば別ですが、用件や確認事項がいくつかある場合は、どう伝えればわかりやすいかを整理してから電話します。相手と話している時に忘れてしまわないよう、用件を書き出しておくと間違いありません。

早口すぎず、もたもたしすぎず、適度なスピードで話す

　緊張していると、気持ちが焦って早口になりがちですが、電話口でいきなりまくし立てられると聞き取りにくいものです。

　逆に、頭の整理ができていないまま、モタモタと話すと、相手をイライラさせてしまうことになります。

　伝えたいことをしっかりまとめた上で、適切なスピードで、わかりやすく明確に発声するよう心がけましょう。

えーと、
あのー、薬のことなんですけどー、
あ、えーと、私、○○医院のものなんですけどー

きつい言い回しにならないように

　言葉だけでコミュニケーションを取るのは難しいものです。「お電話をください」など、ものを頼む場合も同様で、命令と取られないように気をつけなければなりません。電話で話すときは、柔らかい口調を心がけ、丁寧な言い回しをするようにしましょう。

医療現場に
ふさわしい
気配りの
言葉

❹ 診療室で…

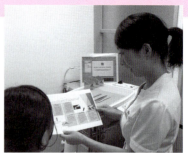

写真協力：Reiko Dental Clinic（東京都港区）

初診時の診療室への誘導

 （特にあいさつもせず）「こちらへどうぞ」

 「初めまして、わたくし歯科衛生士の○○です。ご案内いたします」

　初対面では必ずあいさつを。今後も通い続けるかどうかを決めるポイントになることもあります。
　背すじをまっすぐに伸ばして患者さんを誘導しましょう。

エプロンのかけ方

 「エプロン失礼いたします」と、患者さんの後ろからかける。

 「エプロンをおかけいたします」と声をかけてから、患者さんの前からエプロンをかけ、後ろに回ってひもを結ぶ。

Point
　後ろからエプロンをかけると、見えない所で患者さんの首を絞めている形になります。必ず患者さんの顔を見て声をかけてからにしましょう。

90　「医療スタッフのための　美しいしぐさと言葉」

院内の人間の話をする

「院長がしっかり診てくださいますからね」

「院長がしっかり診断させていただきますので」

上司（院長や先輩）のことでも、院外の人に対しては謙譲語を使いましょう。

子どもに付き添ってきた保護者との会話

（子どもに向かって）「今日はちゃんと歯みがきしてきたかな？」

（保護者に）「おはようございます。この間は痛がってなかったですか？」

事務的な会話で始まるのではなく、温かみのある会話で始めましょう。
小児の場合、本人がどう感じたのかわからないケースが多いため、保護者に様子を尋ねるのを忘れずに。

関心を寄せていることを表現したい

「そうですか」

「ここが痛いんですね。それはおつらいですね」（相手の言ったことを繰り返す）

相手の発言からキーワードを拾って繰り返すことで、関心の度合いを示すことができます。
また、黙って「うん。うん」と首を振っているだけでなく、積極的に身を乗り出し、相手の目を見て相づちを打ってみましょう。

診療中に患者さんを待たせる際

❌ 「しばらくお待ちください」
（と言ったまま、なかなか戻って来ない）

⭕ 「申し訳ありませんが、型を取る間、○分ほどお待ちいただくことになりそうです。（冷房は）寒くありませんか？」

Point
痛みを感じたときより、一人で診療台で待たされたときの方が患者さんのストレスが強くなるとのデータもあります。何が起きているかの情報がないと、待ち時間が長く感じられ、イライラや不安につながります。あらかじめできる説明をしておきましょう。

相手の要望を引き受ける

❌ 「わかりました」
「いいですよ」

⭕ 「わかりました。少しでも違和感がなくなるように頑張ってみましょう」

Point
相手の要望を引き受けるときは、積極的な印象を与えられる言葉を選択したいですね。

自分の判断で即答できない

❌ 「それは院長が決めることで、私に決断を迫られても困りますが…」

⭕ 「私の一存では決めかねますので……」
「この場でお答えすることはできませんので」

Point
返答を待っていただくのと、個人的な責任回避の言葉とは異なることを明確に理解しておきましょう。

相手の要求に応えられない

「無理です」
「あさってまでなんて、約束できません」

「申し訳ありませんが、その日までにはお約束できかねます。ただし……」

まず、お詫びの気持ちを表します。「○日までには間に合わせますので」といった代案を出すことで話がまとまりやすくなります。

相手の無理な要求を断る

「それはあり得ません」

「申し訳ございませんが、当院としては対応いたしかねますので……」

お詫びの言葉を述べながらも、対応できないという意思は明確に伝えます。
常識を逸した要求であっても感情的にならず、冷静に判断して対応しましょう。

治療を終えた患者さんに

「お疲れさまでした」と言った後、すぐ片付けに入る。

「お疲れさまでした。気になることはございませんか」と患者さんに尋ねる。

一呼吸置いてから、今日の診療で気になることはなかったか、尋ねてみましょう。誰でも自分に興味を持ってもらえるのはうれしいもの。患者さんの話に積極的に耳を傾けることで、信頼関係も強くなります。

医療現場にふさわしい気配りの言葉

❺ クレーム対応

写真協力：いしど歯科クリニック（千葉県我孫子）

「買った音波歯ブラシが動かない！」と言われた

✕ 「これ、うちで買ったんですか？」
「おかしいですね。そんなはずはないんですけど」

○ 「お買い上げいただいた歯ブラシが動かないのですね」
「それは、せっかくお買い上げいただいたのに申し訳ございません」

Point
患者さんに落ち度があるかのような言い方は、不快感を与えてしまいます。
相手の話を疑うのではなく、まず受け止める、最後まで話を聞くという姿勢が大切です。

クレームの内容に疑問を感じた

✕ 「違います」
「その話はおかしいです」

○ 「せっかく○○してくださったのに……」
「大変恐れ入りますが、詳しく状況をお聞かせいただけますでしょうか？」

Point
相手が少しでも落ち着いたら、このフレーズを使いましょう。「相手の思いを吐き出してもらう」「こちらの対応策を考える」という2つの目的を果たすことができます。

94 「医療スタッフのための　美しいしぐさと言葉」

担当でなければわからない

「わかりません……」
「えっ、ちょっと待ってください」

「ただ今確認いたします」
「不快な思いをさせてしまったようで……」

相手を余計にいら立たせてしまわないよう、たとえ非がなくても丁寧に対応しましょう。
　お詫びの言葉は、「そちらも非を認めたじゃないですか！」と後に指摘されないように、不快な思いをしたという事象自体へのお詫びに留めておきましょう。

「すぐに院長を出して！」と言われた

「何のお話ですか？」
「わかりました。ちょっとお待ちください」

「申し訳ありません。ただいま他の患者様の診療中ですので、先にお話を伺ってもよろしいでしょうか？」

こちらがきちんと話を聞く姿勢を見せた上で、他の患者さんに迷惑がかからないように配慮しましょう。
　院長に確認した上で、「院長は2時間後に手が空きますので、その時にゆっくりお話を伺うことができます」などと言えば、「逃げようとしている」「無責任」とは受け取られないはずです。

具体的な問題点を聞く

「つまり、どこが問題ということなのでしょうか？」

「どのような問題か、ご説明をお願いできますか？」

Point
何が悪いのかという表現は、相手の感情を逆なでします。患者さんの怒りが静まってきたら、あらためて説明を求めましょう。

担当者または院長に替わる

「私ではわかりかねますので、担当者に替わります」

「申し訳ありません。担当者に替わらせていただきますので、少々お待ちください」

Point
「わかりかねます」はかなり突き放した印象の言葉ですし、「さんざん説明させておいて！」と、さらに怒りを買うことになるかもしれないので、使わないこと。

クレームへのお礼

「ご親切にありがとうございました」

「ご指摘いただき、ありがとうございました」

Point
クレームは言ってもらった方が対処のしようがあります。「貴重なご意見ありがとうございました」との感謝も伝えましょう。
　ただ、「ご親切に」はトンチンカンです。

96　「医療スタッフのための　美しいしぐさと言葉」

誠意を伝える謝り方

「すみません、すみません」

「申し訳ございません」
「大変失礼をいたしました」
「ご迷惑をおかけしました」

謝り方次第で、ますます相手を不快にさせることもあるので、「誠意のある人」と評価されるような謝り方を心がけましょう。

責任を認める謝り方

「すみません。器具が濡れていて滑っちゃって」

「私の不注意です。申し訳ございませんでした」

責任逃れの姿勢を見せると患者さんに不信感を持たれます。怒らせるようなことをしてしまったら、落ち度を認め、素直にお詫びをしましょう。

丁寧に見えるお辞儀

「申し訳ございませんでした」
（同時にお辞儀）

「申し訳ございませんでした」
（謝罪の後にお辞儀）

言葉の後にお辞儀をすると、より丁寧に見えます。相手への敬意の大小・屈服度は、お辞儀の角度で表現しましょう（会釈15度、敬礼30度、最敬礼45度がめど）。

第2章 医療現場にふさわしい・気配りの言葉　97

お詫び・クレーム対応のポイント

　ビジネスに失敗はつきものですが、自ら報告したり、謝ったりするのはなかなか難しいもの。クレームを受けた場合・こちらが言う場合も同様のため、意識して自分の対応を見直してみましょう。

ミスやトラブルの報告は早いほどキズが浅く済む

　自分の失敗に自ら気づいた時、誰でも一瞬青ざめて、言い訳や相手の非を探してしまうものです。相手をカンカンに怒らせてしまった時なども同様です。

　しかし、ヘタな小細工をせず、まず「申し訳ございません」と素直に謝る方がこじれずに済みます。その後、医院ですみやかに事実のみを報告し、対策を考えましょう。報告は早ければ早いほど打つ手があります。

お詫びの言葉を選んで誠意を示す

　失敗のお詫びは院長だけでなく、対処を手伝ってくれた周囲の人にも忘れずに。クレームの電話が入ったときも、まずはお詫びを述べて相手の怒りを鎮めることが必要です。反論があれば、相手が落ち着いたところで、ゆっくり説明します。

クレームはありがたい！という気持ちで

クレームによって自らの非に気づけば、そこから新たなチャンスが生まれるのですから、最後は、感謝の言葉で締めくくりましょう。

クレームを言うときはあくまでも冷静に

こちらがクレームを言う立場に立たされることもあります。相手が悪いからと横柄な態度を取ると、当事者のみならず周囲の人と気まずい関係になることも。あくまで丁寧な口調で、事実だけを冷静に伝えます。

こちらが勘違いをしている場合もあるので、「お間違いではないでしょうか？」と疑問形でやんわり問い合わせるという方法もあります。

お詫びの言葉

ごめんなさい	まったくの普段の言葉でビジネスでは使わない	軽 ↑
すみません	すれ違う際にぶつかったなど、軽い謝りのときに。失敗の謝罪には使わない	
申し訳ありません	ビジネスの場での一般的な謝罪の言葉	
申し訳ございません	「申し訳ありません」よりやや丁寧な謝罪	
お詫びの言葉もございません	重大な失敗で、相手に多大な迷惑をかけたときに使う	
申し開きのしようがありません	同上	↓ 丁寧

医療現場にふさわしい 気配りの言葉

❻ 院長・先輩との接し方

写真協力：鹿児島セントラル歯科（鹿児島市）

院長や先輩とすれ違う

「ご苦労さまです」

「お疲れさまです」
「失礼します」

Point
　来客のところでも述べましたが、「ご苦労さまです」は、目下の人にかけるねぎらいの言葉なのでNGです。
　「静止会釈（軽く立ち止まる）」「流れ会釈（歩きながら）」を臨機応変に使い分けましょう。

呼ばれてもすぐに行けなかった

「何ですか？」

「申し訳ありません。お待たせしました」

Point
　まずは、お待たせしたことへのお詫びを添えた上で、用件を尋ねましょう。
　言うまでもなく、呼ばれた瞬間に「はい」と返事をするのは忘れずに。その人の信頼を増す原点です。

100　「医療スタッフのための　美しいしぐさと言葉」

ドア（入り口）を先に通る

✗ 「すみません」
「ちょっといいですか」

○ 「お先に失礼します」
「後ろを失礼します」

Point
軽く頭を下げながら、さっと通ります。狭い所をすり抜けるときは、言葉を添えましょう。

翌日のオペの準備を終えたか尋ねられた

✗ 「あ、たぶん大丈夫です。最初からだいたいできてましたし」

○ 「はい。明日の準備は全て確認を終えています」

Point
準備や確認が正確にできていたとしても、言葉遣いと内容で、いいかげんという印象を与えてしまうので注意が必要です。

「これ、やっといて」の指示に…

✗ 「わかりました」

○ 「これはいつまでに終えればいいでしょうか？」

Point
仕事の指示、依頼に対しては、必ず期限を確認するようにしましょう。あいまいなまま仕事を請けるのはトラブルの元です。
語尾を「いいでしょうか？」「いただけますか？」など、丁寧語、謙譲語にすれば、丁寧な印象です。

第2章 医療現場にふさわしい・気配りの言葉

指示された期限では無理そう…

「それは無理です」

「すみません。16時まで延ばしていただけないでしょうか？」
「申し訳ありません。実は、同じ期限の仕事があるのですが、どちらを優先させればよいでしょうか？」

Point
ダメでも、「無理です」「できません」とすぐに断らずに、指示を仰ぎましょう。また、こちらから時間を指定して打診すると、相手にやる気が伝わります。

先輩に相談して教えを請いたい

「よくわかんないんですよね」

「〜について、良い方法があれば教えてください」

Point
何について聞きたいのかを明確にしましょう。「アドバイスしていただけないでしょうか？」でもOK。

院長や同僚スタッフへの連絡

「先生、待合室のエアコンが故障したそうなんです。それで明日まで使えないことになって、修理を呼ぶことになったんですけど……」

Point
時間のない中での報告は、話の結論・結末を先に伝えましょう。

「院長、エアコン修理について連絡があります。今、よろしいですか？」

上司にミスを指摘された

✗ 「えっ、間違ってました？ 見直したんですけど……」

○ 「申し訳ございません。すぐに見直してみます」

Point
自分の非を認めると、自分の評価が下がるという思い込みをしている人が少なくありませんが、逆です。注意されたら、まずは失敗について謝罪することが大切です。その後、対処の内容を示しましょう。

誤りを報告する

✗ 「先ほどの書類ですが、ちょっとミスがあって……」

○ 「先ほどの書類ですが、私の不注意で間違いがありました」

Point
「ミス」と言うとやや軽薄に聞こえます。謝罪の意は、誠意ある言葉と態度で示しましょう。

患者情報の漏洩を疑われた場合

院長「君が漏らしたってみんなが言ってるけど？」

✗ 「違います。言ってません！」

○ 「誤解されるような発言があって、申し訳ございません。それについて、私から説明させてください」

Point
責任逃れの姿勢を見せると、不信感を持たれます。水掛け論にならず、話を聞いてもらえるよう働きかけることが得策です。

院長・先輩から昼食に誘われた

「あ、行きまーす」

「ご一緒させてください」

　同僚ならまだしも、上司には言葉遣いに気をつけること。「連れてってください」というのも甘えた感じで社会人としてはNG。

ごちそうしてくれることになった

「えっ、いいんですかー？」

「ありがとうございます。お言葉に甘えさせていただきます」

　お礼を言って、厚意を素直に受けましょう。うれしさの表現の前にまず、お礼を述べることが大事です。食事の後ももちろん、お礼の言葉を忘れずに。支払いの前だと、お金を払わないアピールのようにも取れてしまうので、支払いの後に。

結婚の報告

「実は、寿退社したいんです……」

「実は、結婚が決まりまして……」
「私事で恐縮ですが、結婚が決まりまして……」

　「寿退社」とは自分で使う言葉ではありません。結婚も私的なことなので、「私事で……」と切り出すのもよいでしょう。

column 敬語とマナーはワンセット

「敬語も話し方のコツもマスターしたはずなのに、どうも周囲からの受けが良くない……」と感じたら、それはマナーの部分に原因があるのかもしれません。

相手を待たせてしまったとき、「お待たせしました」や「申し訳ございません」の言葉がなければ、相手は内心ムッとしているでしょう。

敬語を使えたら、それでよしではありません。敬語はコミュニケーションツールのひとつに過ぎないのですから、常に「マナー＝相手への心配り」とセットになっていることが必要です。

上司から頼まれた仕事を引き受けられないときは「できません」と即座に断るのではなく、「申し訳ございませんが」とまず謝った上で理由を述べます。

頼み事があるときは、「お忙しいところ申し訳ありませんが」や、「お手数おかけしますが」といった"クッション言葉"が便利に使えます。

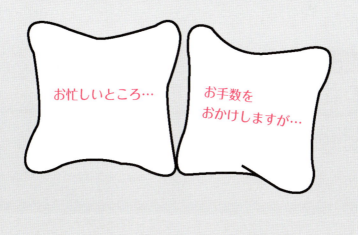

医療現場にふさわしい気配りの言葉

⑦ 同僚・後輩との接し方

写真協力：鹿児島セントラル歯科

体調を崩して休んでいた人に

「風邪、治りました？」

「具合はどうですか？」

Point

「ちゃんと仕事ができるのかな？」と様子を窺うような姿勢ではなく、相手の身体への気遣いが感じられる言葉を使いたいもの。
長く入院していた人には根掘り葉掘り事情を聞かないよう配慮しましょう。

一緒に遅くまで残業した人に

「昨日はお疲れさまでした」

「昨日は遅くまでお疲れさまでした」

Point

いつも顔を合わせている人とは、ごく一般的なあいさつに続いて2人だけにしかわからない「この間の続き」に触れると、さらに絆を深めることにつながるものです。

106 「医療スタッフのための　美しいしぐさと言葉」

ねぎらいの言葉をかける

「昨日も遅かったね」

「昨日も遅くまで頑張っていたね」

肯定的な言葉を加えることで、相手は「自分の努力が認められている」と感じ、さらなる意欲にもつながっていきます。また、ねぎらいの言葉を伝えると、工夫点を話したり、相談をしたりしやすくなります。

ミスをした後輩を励ます

「ダメじゃないの〜」
「次、頑張りなよ」

「私で良かったら何でも聞くよ」
「きっとやりきれない思いだよね」

落ち込んでデリケートな状態の時に責めるのは禁物ですし、「頑張れ」という言葉は、まるで頑張りが足りなかったと責めているように感じられるもの。相手が落ち着くまで聞き役に徹しましょう。

後輩のミス・失態を指摘する

「ちょっと！」「ちゃんと○○してよ！」

「（問題について）一緒に考えようか」
「大変だと思うけど……」

相手を傷つけそうなフレーズより、柔らかい言葉を。指摘する言い方ではなく、指導する言葉を選びましょう。

第2章 医療現場にふさわしい・気配りの言葉　107

注意や指摘をする

✕ 「なぜ間違えたの？」
「○○がされてないと困るんだけど」

○ 「難しいから、多少はミスしても無理ないよ。次は……」
「この点とこの点さえ直せば、あとは完璧」

Point
遠回しな言い方はかえって嫌味になることも。注意するときにはなるべく改善策をセットで伝えると、相手も「怒られて、気が重くなっただけ」という状態にならずにすみます。

態度・身だしなみ・行動を注意する

✕ 「どうして（規則を）守れないの？」
「○○さんを見習って」

○ 「そういえば、一ついいかな？」
「この方が、あなたの良さが引き立つと思う」

Point
腹に据えかねているという態度ではなく、タイミングを見計らって、ついでを装ってサラッと伝えた方が、相手は受け取りやすくなります。

悩みを打ち明けられた

✕ 「じゃあ、こうしたら？」
「いつまでも悩んでいるなんて、あなたらしくないよ」

○ 「いろいろあるね」
「そういう考え方もありますね」
「良かったら話しやすそうなところから話してみて」

Point
相談事を切り出す側は、「どの順で話そう？」「どう話そう？」と悩んでいるもの。そんな思いを軽くしてあげられる言葉をかけてあげるようにし、話をさえぎらないようにしましょう。

同僚・上司の悪口をかわす

「Aさんて、ほんとにいいかげんだよね…」

「えー、そうなんですか」
「私も前から思ってました」
「Bさんも言ってました。この間なんて…」

「私はあまり感じなかったけどな……」
「私もいいかげんだから、ミスってばっかりで嫌になっちゃう」

Point

悪口は悪口を呼ぶので、どこかで断ち切らなければ、あっという間に雰囲気の悪い職場になってしまいます。

職場のうわさは耳に入りやすいものですが、「そうなんだ……」とだけ言って話を変えたり、相手の話を受け取るだけで立ち去ったりするのが得策。相づちを打っても、同意しない、話を広げない、興味を示さないのが鉄則です。

楽しく、お互いに高め合える話題を用意しておきましょう。

相手の話題を切り上げたい

「そうじゃなくて……」

「そういえば、あの件だけど……」
「それにしても今回は、○○さんのおかげで助かった。ありがとう。じゃあ、これから打ち合わせがあるから」

Point

話に耳を傾けた後、話題を変えるようにします。時間のない場合は、感謝の気持ちで締めましょう。ゆったりとした口調と穏やかな表情で言うのがポイントです。

110 「医療スタッフのための　美しいしぐさと言葉」

第 *3* 章

座談会

スタッフから輝く 医院づくり

庭のホテル 東京
執行役員／社長室室長 **石井孝司** 氏

エイチ・エムズコレクション
副社長／歯科＆美容プロデューサー **北原文子** 氏

庭のホテル 東京
ゲストリレーションズ＆トレーニング 支配人 **伊藤美絵** 氏

　著者の石井孝司、北原文子、伊藤美絵の3氏に、スタッフが成長し、医院が輝くためのヒントについてお話しいただきました。

（日本歯科新聞社 編集部）

座談会

日本歯科新聞社
編集部

庭のホテル 東京
執行役員／社長室室長
石井孝司氏

エイチ・エムズコレクション
副社長／歯科＆美容プロデューサー
北原文子氏

庭のホテル 東京
ゲストリレーションズ＆トレーニング 支配人
伊藤美絵氏

庭のホテル 東京 ファンクションルーム「粋」にて
(2015.9)

スタッフ育成とのかかわり

――これまでスタッフ育成についてどこで学び、どうかかわってこられたかお聞かせください。

石井 外食のチェーンで財務・経理を担当した後、育成を任されました。最も自分から程遠いテーマのように思えましたが、途中から育成の重要性に目覚めました。

　外食チェーンで15年間、「人」「金」「経営」を学んだ後、ホスピタリティ産業向けの研修を行っている会社に入り、クライアントに必要な研修を

　提案したり、セミナーを行ったりしていました。
　その後、2009年のオープンに先駆けて、「上質な日常の提供」をモットーとする庭のホテルに入り、社長室長、スタッフ育成などを担当するようになりました。
　考え方を指導するだけでなくスタッフに手本を見せられる人材がほしいと考えて、ホテルオープン当時から伊藤にその役割を担ってもらうこととなりました。そのような取り組みが実を結び、庭のホテルは『ミシュランガイド東京』のホテル部門で、快適なホテルと評価していただけるようになったと思います。

和をコンセプトとした庭のホテル。

　「人」に関わる仕事をしてきて思うのは、人の成長は植物の成長に似ているな、ということです。「採用＝種、苗」「職場環境＝土」「教育訓練＝水、栄養」「トレーナー＝農家」のどれが欠けても、人も植物もまっすぐには育たないと感じています。

伊藤　今までさまざまなスタッフ育成セミナーを通し、また現場での研鑽を積みながら、後輩の指導に当たってきました。スタッフの研修を担当するようになったのは、庭のホテルに入ってからです。

　現在は、新入社員研修、新入社員フォローアップ研修、教え方のトレーニングなどを担当しています。普段は、ロビー内のコンシェルジュデス

エイチ・エムズコレクションが開発をサポートした製品の一部。

北原氏による、保育園や、歯科衛生士学校での指導風景。

クにて、周辺のインフォメーションや、レストランの紹介、予約などの
コンシェルジュ業務に携わっております。

北原　私が最初に勤めた医院が高額の自費治療が多い医院で、「世の中
に一人前の人と認められるようなレベルのマナーを学んでほしい」と言
われました。

　歯科衛生士の技術を生かしたいと考えていた当時の私のモチベーショ
ンは、その言葉で著しく下がりましたが、今では医院が健全に活性化す
るためには「人教育」が最も重要と考えています。

　今まで10の医院に勤めた経験がありますが、一般の接遇セミナーや書
籍から学ぶだけでなく、歯科医院の現場に適した医療接遇を身につける
ことを追求してきました。

　エイチ・エムズコレクションでは、全国の歯科医院のマネジメントや
製品開発協力、医療接遇・歯科衛生士の技術サポートなどを行っている
のですが、「技術を先に教えたスタッフ」と、「人教育から始めたスタッ
フ」とでは、患者さんとの接し方に著しく差が出ることを実感しています。
患者さんへの想いが先にあった上での技術でないと、患者さんや他のス
タッフを見下すことにつながってしまう嫌いがあるのです。

誰でもスペシャリストになれる！

──スタッフが伸びていく上で大事な考え方は。

石井　スキルだけでなく、全人格を高めるということではないでしょう
か。例えば、お客様にほめられたら、「なぜほめてもらえたのか」と考え
たり、レストランに行った時に、どんなスタッフの対応が好ましいと感
じるか、逆にどんな対応が不快かなど、日ごろから考えたりするクセを
つけることもお勧めです。

第3章　座談会：スタッフから輝く医院づくり　117

また、いつも笑顔で挨拶すること、周囲の人に感謝し言葉で伝えること、人の良いところを見るクセをつけることなどもぜひ実践してみていただきたいです。

北原 プロ意識を持って、「今、この条件・場面で何ができるか」を考える。その積み重ねが大きな成長の差を生むと思います。

受付担当者で、「私なんて大卒じゃないし、国家資格もない」と仕事に消極的な人に会うことがありますが、受付は、医院の看板・司令塔であり、誇りを持てる仕事です。どのような人でもスペシャリストになれることを知ってほしいです。

伊藤 指導者側であれば、目立つ人にばかり目が行ってしまう傾向がありますから、どのスタッフともよく話して、日ごろからコミュニケーションを取り、一人ひとりの個性に目を行き届かせることがスタッフの成長につながると思います。

時には刺激も必要

——モチベーションを下げないための工夫は。

北原 こんな仕事ぶりで十分だろうと考えていたスタッフが、外の研修に出かけて、他の医院のスタッフから刺激を受けることで「もっと学びたい」という気持ちになることはよくあります。広い世界に出て、さまざまな人とかかわることの意義は大きいと思います。

当社では、出張する際、必ず複数の人間で同じ部屋に泊まるようにし、食べ方や、バイキングの盛り付け方、先輩を立てているかといったマナーなどをチェックします。

注意されると、その場は面倒と感じたとしても、人とかかわることで磨かれていくことがたくさんあると思うのです。

118 「医療スタッフのための　美しいしぐさと言葉」

北原氏が講師を務めたスタッフ研修会。

石井 やる気の刺激に、自分で火をつけられるタイプは良いのですが、そうでない人は、たしかに外に出るのも大事だと思いますし、また社内の役割を変えるのも良い刺激になると思います。

　私自身、スタッフの育成に自分がかかわるとは夢にも思わなかったように、自分が向いていないと思っていたことが、実はとても向いていることも少なくありませんから。

　また、指導者の方は、結果だけではなくプロセスを見ていてあげることも大切だと思います。プロセスにはスタッフの工夫や成長が見られます。そして、その仕事ぶりや成長に対してフィードバックし、成功したことに対してはほめ、感謝の言葉をかけることでスタッフのモチベーションは上がるのではないでしょうか。

伊藤 スタッフの方のモチベーションが下がってしまうよくあるパターンに、「お客様からこんなふうにほめていただきました！」と喜んでいる時に、「〇〇さんは、こんなところにも注意していたよ」と、他の人と比べられたり、「ぼくも、以前、こんなことでほめられたことがあるよ」など、逆に自慢されてしまったりということがあります。

　上司・指導者側の方には、その人をきちんとほめることが、何よりモチベーションアップにつながることを知ってほしいですね。

言葉やしぐさは「気持ち」の形

——言葉遣いやしぐさを学ぶ重要性は。

伊藤　相手にこちらの話に耳を傾けたいと感じてもらえるかどうかが決まる、コミュニケーションの大切な第一歩だと思います。

北原　きれいな言葉遣い、美しいしぐさの医院の方に行きたくなるのは自然ですから、存在を認められるためには、内面だけでなく、装いや外交も大切です。そして相手を不快にさせないためには、ある程度のテクニックを学ぶ必要があるのではないでしょうか。

石井　いわゆるマニュアル的になりすぎて、形だけ身につけても、かえってマイナスの印象を与えてしまうことがあるとは思いますが、逆にいくら私たちの中にお客様への思いやりやいたわりの気持ちがあっても、なかなか相手には伝わりません。その気持ちを言葉や動作といった形にして表現することで、「私のことを大切に思ってくれている」と相手に理解していただけるのだと思います。

相手を理解する、思いやることが大切

——コミュニケーションで大切となる考え方は。

石井　相手をよく理解すること。相手の言動や態度に違和感を抱く時には、理解が足りないだけ、知らないだけということが多いのです。ホテルには、海外のお客様も多く、いろいろな価値観の方がいらっしゃることに驚かされます。

伊藤　やはり相手を思いやることが大切だと思いますが、お客様に対してはもちろんのこと、スタッフ間でも、基本はあいさつからと考えてい

庭のホテル 東京のコンシェルジュデスク。

ます。上司からでも後輩からでも、顔をきちんと上げて、明るくあいさつをすれば、相手の心も良い方に動き、職場の雰囲気はガラッと変わります。

北原 考えるより動く。たとえ言葉遣いに問題があっても、若いうちは、患者さんのためになることを一生懸命考えて、積極的に話しかけた方が良いと思っています。

話が途中で止まって気まずい思いをしても、かかわりを持たないよりずっといいことですし、その失敗は糧になります。

最近の世代の傾向として、相手の気持ちがわからないという人が増えているので、「相手のことを200％の力で考えよう」と思うぐらいでちょうどいいかもしれません。

また、医療現場の場合、エレガントな接遇より、説明責任、親しみやすさといったコミュニケーション能力が優先されるのが大きな特徴だと思います。

前に出るサービスを

――患者さんがスタッフに抱きがちな不満は。

北原 「少々お待ちください」は、いつまで待てばいいの？ 私の存在を忘れていない？という不満・不安は多いです。もうひと言の配慮がほしいですね。

　逆に余計なひと言で患者さんを不快にしてしまうこともあります。お昼前の、「今日の診療、長くかかったね」「患者さんが多かったね」などの言葉には、その患者さんのせいではないとしても、敏感に反応してしまいます。

伊藤 歯科医院の予約を入れようとしたら、「あ、その日はいっぱいでダメです」「その日もダメです」と言われ、「いつならいいですよ」のインフォメーションがなく、どうしていいかわからなかったと言う知人がいました。

　これは、当ホテルで配慮が足りなかったというケースですが、チェックインの3時になるまで、ロビーで座ってお待ちになっていたお客様に気づかず、早めにフロントにいらした他のお客様を部屋に先にお通ししたということがありました。先に待っていらしたお客様は、当然いい気持ちはしないものです。

　なぜ長時間座っているのかな？と気にかけて、声をかけるべきでした。ホスピタル産業でも、こちらから気づくサービスが求められるのではないでしょうか。

石井 さまざまな不満を整理すると、「態度が悪い（あいさつがない・無愛想）」「不潔（白衣がシミだらけ、派手）」「話し方に問題（高齢者に早口、医学用語の乱用）」「不親切（配慮がない、無視、気のない返事）」などではないでしょうか。

　そもそも医院に行く時には、不安な気持ちですから、プラスの態度もマイナスの態度も増幅されて感じるものです。まして初診の患者さんは不安感が強いので、「積極的に前に出る・配慮する」という気持ちが必要

ではないでしょうか。

「学ばない」はもったいない

──院長や先輩などが、スタッフに抱きがちな不満・要望は。

北原 日常業務以外の成長のために、セミナー参加などのチャンスを与えても、反応がないという不満をよく耳にします。

ただ、その場合院長の気持ちが十分スタッフに伝わっていないという問題があることも少なくないのですが。

人から学ぶことを拒むと、成長は止まってしまいます。患者さんのためにならないのはもちろんですが、その人の人生にとってももったいないと思うのです。

伊藤 たしかに教えている立場からすると、反応がないのが一番困りますね。

石井 『日経トップリーダー』2010年12月号に、企業経営者（特に中小企業）の社員の働き方に対する不満についてのアンケートが掲載されていました。

「社員に対してどんな不満がありますか？」の質問では、「仕事の段取りが悪い」53.2％、「指示されたことしかしない」52.8％、「労働意欲が低い」49.1％でした。

ただし、「社員が自分で考えて働けない理由はどこにありますか？」の質問に対しては、「教育する仕組みが整っていない」「社員を指導できる幹部社員不足」「社長の想いが伝わっていない」という、会社側の問題が理由として挙げられていたのですが……。

このように指導者側にも気づいてもらうべきところがあるのかもしれませんが、組織のせいにしていては自分の成長がないので、自分が変わ

ることが大事なのではないでしょうか。

成長する！　やり遂げる！　楽しむ！

――最後にスタッフの方へのメッセージを。
伊藤　日々の仕事や、自分自身の成長、学ぶことを楽しんでいただければと思います。
北原　人との出会いは一瞬ですが、つき合い続けていくには努力が必要です。

　人は、素敵だなと思う人とつき合い続けたいもの。相手の心に残るあいさつをするなど、今よりバージョンアップという積み重ねで、「また会いたいな」と思ってもらえる人になれば、スタッフの方自身も、素敵な人に会うことができます。

「庭のホテル東京」の奇跡
世界が認めた二つ星のおもてなし

木下彩 著（日経BP社）

　庭のホテル 東京の総支配人の木下彩氏が、2児の母でありながら、かつて同ホテルが建っていた場所にあったビジネスホテルの経営者となり、将来への危機感を覚えて、全く新しいコンセプトのホテルを立ち上げ、成功に至った経緯を述べるエッセイ。
　「非日常ではなく、上質な日常を提供する」というホテルのモットーは、快適性を追求している医院にも、多くのヒントを与えてくれる。

歯科医院は、一般の会社に比べて小規模です。つまり、一人のマンパワーが大きいので、あなたが変われば、医院は大きく変わっていきます。

石井　「過去と他人は変えられない」と言われるように、院長や周囲のスタッフが変わることを、不平不満を言いながら待つのではなく、「自分」を変えることで「未来」を変えようと考えた方が前向きだと思います。

また、こんなことがいいと信じたら、やり続けること。継続と反復が大切だと思います。

――みなさんのお話をうかがっていて、まず相手への思いやりの気持ちがあることの大切さ、そしてその気持ちを相手にわかりやすい形（しぐさや言葉）で表現することの重要性が理解できました。ありがとうございました。

デンタルエステティック
デンタルエステで贈る 美と健康のプレゼント

北原文子 著
（医学情報社）

　院内接遇指導をはじめとして、患者満足度の高いスタッフの育成に実績のある北原文子氏による、「お口の専門家だから、わかる、できる」デンタルエステの教本。
　美と健康の双方にアプローチするデンタルエステの技法をスタッフが身に付ければ、歯科治療への満足度も高くなり、患者さんの健康度もアップすることができる。

株式会社UHM　執行役員／社長室室長
石井孝司
Ishii Takashi

立命館大学経営学部卒業。
一部上場外食企業に入社し、財務・経理、採用・教育、社長秘書・総務を経験。その後、ホスピタリティ産業を主なクライアントとする研修コンサルティング会社にて、企画営業、セミナー講師として活躍する。2008年に株式会社UHM（庭のホテル 東京）に入社し、主に採用・教育業務に携わる。
『月刊アポロニア21』（日本歯科新聞社）にて、2010年1月から2013年7月まで「ホテルに学ぶ　おもてなしの心としぐさ」連載。

〔著書等〕
『レストランサービス』（公益社団法人全国調理師養成施設協会）共著、
『総合調理実習』（公益社団法人全国調理師養成施設協会）共著
DVD：『実践！ホスピタリティ　～気づく・考える・行動する～』（PHP研究所）企画

株式会社UHM
庭のホテル 東京　ゲストリレーションズ＆トレーニング支配人
伊藤美絵
Ito Mie

大学卒業後、都内のホテルに入社し、フロント業務を経験。
2003年に株式会社UHMに入社。
2008年7月から庭のホテル 東京の開業準備に携わり、オープン後は、フロントマネージャーとして勤務。2011年4月より現職。

エイチ・エムズコレクション
副社長／歯科&美容プロデューサー

北原文子
Kitahara Fumiko

日本大学歯学部付属歯科衛生専門学校卒業後、都内の自費専門の歯科医院に勤務し、その後、5つの歯科医院にて患者さんを担当。
1996年より人材育成と企画・サービスを行う㈲エイチ・エムズコレクションに所属。1年で1万人以上の患者さんへ啓発活動を行い、イベントや学会でリコール率90％以上の実績を評価され、1997年に専務取締役に就任。その後は患者満足度の高い医療人の育成は歯科医院のリコール率にも商品の販売率にも反映することを数字で確認することで精力的に歯科衛生士教育に携わる。2004年副社長に就任。TV、新聞、雑誌等、メディアの出演・掲載も多数。医療・美容関係の人材育成も行う。
『週刊日本歯科新聞』（日本歯科新聞社）にて、2011年4月から2015年9月まで「気配りのことば　○と×」隔週連載。

〔著書等〕
『Dental Aesthetic ～デンタルエステで贈る美と健康のプレゼント～』（医学情報社）、『歯のトラブルは万病の元』（アントレックス）
DVD：『魅力アップのための「歯科医療接遇」～患者満足度を向上させる医療接遇のコンセプト』（ジャパンライム）

医療スタッフのための
美しいしぐさと言葉

- **著　者**　　石井孝司　北原文子　伊藤美絵
- **発　行**　　2015 年 11 月 8 日
- **発 行 者**　　水野純治
- **発 行 所**　　株式会社 日本歯科新聞社
　　　　　　　〒 101-0061　東京都千代田区三崎町 2-15-2
　　　　　　　Tel 03（3234）2475 ／ Fax 03（3234）2477
- **印　刷**　　株式会社 平河工業社

ISBN978-4-931550-41-4　C3034

※乱丁・落丁本はお取替えいたします。
※本書内容の無断転載、デジタル化は、著作権上の例外を除き禁じられています。